토박이 예수꾼 백낙규 장로의 영성과 신앙

하나님 나라에서 개벽을 보다

초판 1쇄 인쇄 | 2022년 02월 22일
지은이 | 백종근
펴낸이 | 이재욱(필명:이승훈)
펴낸곳 | 해드림출판사
주 소 | 서울 영등포구 경인로82길 3-4(문래동1가 39)
　　　　센터플러스빌딩 1004호(07371)
전 화 | 02-2612-5552
팩 스 | 02-2688-5568
E-mail | jlee5059@hanmail.net

등록번호　제2013-000076
등록일자　2008년 9월 29일

ISBN　979-11-5634-494-0

백낙규 장로

저자 서문

백낙규 장로의 신앙과 영성에 관한 이야기

역사적 사실事實을 서정적序程的 흐름 속에서만 인식하려 한다면 겉으로 드러나지 않는 유기적 관계를 놓칠 때가 많습니다. 왜냐하면, 역사를 경작해온 주체들의 삶이 사건에 가려진 채 시간의 경과에 따른 전후 관계의 사실寫實에만 머물 수 있기 때문입니다.

따라서 역사는 사건 중심의 도식적 나열이 아니라 그것을 발전시켜 왔던 주체를 바로 인식할 때만 고리처럼 연결된 사실史實들을 올바르게 파악할 수가 있다고 여겨집니다.

안타깝게도 한국교회 초기교회사의 사료史料들 역시 대부분 사건 중심의 연대기적 사실事實에만 집중이 되어있어, 사건의 배면에 깔린 선교사들 자신은 물론 그들과 함께하며 초기교회 역사를 만들어온 인물들의 전기적 경험들을 발굴하는 일에는 너무도 등한시하지 않았나 하는 생각이 듭니다.

설사 이미 발굴되어있는 것들이 있다 해도 기독교가 이 땅의 문화와 만나 토착화될 때 표출되었던 사회적인 대립이나 투쟁 혹은 개인적인 긴장과 갈등의 신앙 여정을 담아 오늘의 관점에서 친근하게 바꾸어낸 것들은 그리 많지 않았습니다.

『하나님 나라에서 개벽을 보다』는 1900년도 남장로교 선교사 하위렴 William W. Harrison에게 복음을 듣고 동련교회를 설립하신 백낙규 장로의 신앙과 영성에 관한 이야기입니다.

    그는 일찍이 동학농민항쟁에 뛰어들어 소접주로 우금치 전투에 참여했지만, 패전 후 실의에 빠져 방황하고 있다가 복음을 듣게 된 특이한 신앙 이력의 소유자라 생각이 됩니다.

    필자에게는 증조부가 되는데 그의 신앙 역정을 추적해 보던 중 남장로교 선교 자료 가운데서 그와 관련된 120년 전의 사진과 자료를 우연히 만났을 때의 감회는 참으로 남달랐습니다.

    감회는 기독교가 전래되던 시절 그의 개종과 삶에 대한 회상으로 이어졌고, 결국 초기교회를 되돌아보아야 하겠다는 생각이 집필을 하게 된 동기였습니다.

한국 초기교회사를 뒤돌아보면 다양한 영성을 가진 분들이 출발하고 있지만, 백낙규야말로 역사의 한복판 격동의 시대를 지나며 기성旣成에 회의懷疑하고 그가 들었던 복음을 따라 지향志向을 추구한 외곬의 신앙인으로 실천신앙과 영성이 무엇인지를 보여준 분이라 여겨집니다.

저희 가족사에 기독교를 처음 받으신 분이기도 하지만 남장로교 초기 선교사와의 만남을 통해 구한말과 일제강점기 시대 한국기독교의 발아發芽를 지켜보신 분으로 그가 익산군 황등면에 세운 동련교회는 올해 120주년을 맞는 유서 깊은 교회로 실재하고 있고, 한국기독교의 분열과 갈등 속에 기장에 속한 교회로 지역사회에 귀한 사역의 모범을 보이는 교회이기도 합니다.

남장로교 선교사를 다룬 많은 교회사 학자와 목회자들이 있지만, 아직도 묻혀 있는 초기교회 인물들을 세세히 다루지 못하고 있는 실정에 백낙규 장로의 활동과 신앙에 관한 이야기는 점점 잊혀져 가는 그 시대와 초기교회의 진경眞境을 새롭게 들여다볼 기회를 제공하리라 생각합니다.

끝으로 서문을 빌어 그동안 집필을 위한 자료조사를 위해 함께 여행하며, 크고 작은 일을 보살펴준 큰아들 조셉과 곁에서 기도로 격려하며 내조한 아내에게도 고마움을 전하고자 합니다.

　아울러 같은 교단에서(PCUSA) 동역했던 서예가 백현수 목사가 속표지의 제호를 써주신 것과 미국수채화협회(American Watercolor Society) 정회원이신 장황남 화백께서 노구에도 불구하고 흔쾌히 백낙규 장로의 초상을 그려주신 것에 대해 새삼 깊은 감사를 드리며, 편집의 실무를 담당하며 꼼꼼하게 살펴주신 이승훈 제씨의 노고에도 자리를 빌려 감사해 마지않습니다.

2021년 9월

백종근

글을 시작하며…

I

간지干支가 한 바퀴를 돌아 만 60년이 되는 것을 주갑周甲이라 한다면 1901년 설립된 동련교회가 2021년 올해로 설립 120년이 되어 2주갑이 되는 셈이다. 설립자인 백낙규 장로의 신앙을 한번 정리해 보아야 하겠다고 생각은 몇 해 전부터 해왔으나 분주한 목회와 미흡한 자료…

사실은 그보다 둔한 필력에 대한 두려움이 훨씬 더 커서 엄두를 내지 못하고 있었다.

한신대 연규홍 교수의 〈생명나무에 이르는 길〉에서 백낙규의 영성을, 전영철의 〈믿음, 그 위대한 유산을 찾아서〉에서 그의 신앙을 간략하나마

장章으로 묶어 다루고 있는 책들이 있고, 학술 논문[1]에서도 그의 삶을 다루고 있는 것을 보면서 더 이상 미뤄서는 안 되겠다는 생각으로 용기를 냈다.

이 일로 초기선교자료를 뒤져보는 일이 잦았는데 우연히도 해묵은 미국의 선교잡지에서 남장로교 선교사 해리슨William B. Harrison/하위렴이 기고한 동련교회와 백낙규와 관련된 기사와 사진 자료를 찾아볼 수 있었다.
비록 짤막한 내용이었지만 전혀 예상하지 못했던 120년 전 기록물이었다. 뛸 듯이 기뻤다.
하위렴 선교사는 백낙규에게 세례를 주어 그를 장로로 세우고 함께 동련교회를 지도하고 이끌었던 신앙과 교회를 가르친 영적 스승이지 않았던가?

관심을 불러일으킨 하위렴의 자료 덕분에 지난해 가을 하위렴 선교사의 고향 켄터키주 레바논Lebanon, KY 시골 마을을 돌아보기도 했다.
그가 성장하고 신앙생활을 한 마을과 교회, 학교 그리고 그를 파송했던 노회를 둘러보면 행여라도 그와 관련된 흔적 같은 것들이 남아 있지나 않을까 하는 일말의 기대감이 같은 것들이 있었기 때문이었다.
아니나 다를까 해리슨의 고향 레바논을 중심으로 유진 벨Eugene Bell/배유지, 의료선교사 알렉산더Alexander J. A. Alexander와 포사이드Wylie H. Forsythe가 다 인근에서 태어났고 유진 벨, 보이어Elmer T. Boyer 선교사가 공부한 루이빌신

---

[1] 김민아 "성인전(聖人傳)의 관점으로 본 전북지역 초기 개신교 신자들의 이야기", 서울대학교 종교문제연구소, 종교와 문화, 제39호, 2020. pp.1-34

학교와 포사이드와 오긍선이 공부한 루이빌 의대가 차로 2시간 정도의 반경 안에 소재하고 있는 이 지역은 남장로교 초기 내한 선교사들을 키워낸 태반胎盤과도 같은 곳이었다.

남북전쟁 당시 하위렴의 고향 레바논은 격전지였다. 전쟁의 포화가 걷히고 그 이듬해 하위렴이 태어난 이 마을에는 켄터키의 여느 시골처럼 나른한 고적古跡함이 가라앉아 있었다.

그가 성장했던 교회에 찾아갔으나 이미 퇴락해 버린 고성처럼 문이 잠긴 채 가을비에 젖고 있었다. 고즈넉한 석조 건물 입구 한쪽에 무지개 깃발의 표지판을 붙여놓고 묻지도 않은 정체를 드러내고 있어 씁쓸한 마음마저 들었다.

그 교회를 끼고 남북으로 뻗은 그의 이름으로 명명된(?) 길Harrison St.을 따라 걷다가 방향을 돌려 마을 어귀에 있는 그의 묘지까지 돌아보았.

조선에서 간호 선교사로 사역했던 아내 에드먼즈Margaret J. Edmunds와 역시 내한 선교사로 잠시 활약했던 딸 셀리나Margaret S. Harrison도 곁에 묻혀 있었다.

잊은 채 오랜 세월을 지나고 있었지만 -아니 모른 채라고 해야 맞겠지만- 하위렴과 백낙규와의 인연은 질기게 이어져 내 앞에 섰다.

그는 살아서도 백낙규를 이끌었지만 죽어서도 우리의 뇌리에서 백낙규를 끌어내 눈앞에 등장시키고 있다는 느낌에 실소하면서도 하위렴의 행적을 떠올려 제대로 추모해 주지 못하고 묘지를 빠져나오고 말았다.

동련교회의 시작을 이야기하며 그를 빠뜨릴 수 없고, 하위렴에 대한 언급이 없이는 백낙규의 신앙을 이야기할 수 없다는 것을 알게 된 것만으로도 켄터키 여행의 소득이라면 소득이었다.

백낙규가 맞닥뜨린 역사는 동학에 깊이 줄을 대고 있다. 일제강점기를 거치며 해방 이후 최근까지도 그렇게 엄연儼然했던 동학농민항쟁을 짐짓 내몰리던 역사로만 밀어두다 보니, 벼랑 끝에서 절규했던 민초들 이야기는 어느새 들여다볼 수 없을 만치 지워져 있었다.

많은 기록물을 뒤져보았지만 사건을 중심으로 기술하고 있는 것들이 대부분이어서 참여한 인물들의 구체적 행적을 추적해둔 것들이 있을까 하는 기대는 처음부터 잘못이었다.

흩어져 있는 구술과 기억을 찾아내 주섬주섬 엮어본다고 했지만 훼손되어 복원할 수 없는 부분이 많아 드러난 결과를 손에 들고 과정을 돌아보아야 하는 부분에 와서는 어쭙잖은 상상력을 동원할 수밖에 없었다.

애초부터 백낙규의 행적을 중심으로 한 것이 아니라, 백낙규를 이끌었던 영성의 변천에 초점을 맞추고자 한 의도였지만 그래도 드러난 흠결欠缺이 만만해 보이지 않는다.

다시 시선을 돌려 백낙규가 활동했던 시공간을 조망하면서 조금이라도 그를 짐작해 낼 수 있지 않을까 하는 기대가 섞인 바람으로 선교사들의 활동지역을 오버랩시켜 지역 교회사에 드러난 교회 지도자들을 중심으로 살펴보았다.

동시대를 맞대고 고민했던 그들의 공통의 관심사가 무엇이었을지를 추적하다 보면 지역교회 저변에 깔려있던 인식 가운데 행여 드러나지 않

은 백낙규의 지향점과도 일치하는 것이 있을 수 있다는 생각에서였다

구한말과 일제강점기를 겪으며 몸부림치던 초기 지도자들의 삶과 신앙 속에서 백낙규와 일치를 찾아내는 퍼즐게임은 독자들의 즐거운 상상에 맡기고 싶다.

이것저것을 끌어다 만용을 부리고 염念을 낸 덕분에 겨우 엮어 냈지만, 과거 연구원KIET 시절 발간했던 정해진 주제의 보고서나 강단에서 했던 설교를 엮어내는 설교집과는 달리, 특정 장소에만 국한되지 않는 역사적 사건들을 단순히 전달하는 일도 쉽지 않았다.

사건들의 연대와 날짜, 지명 등에 적지 않은 착오가 있을 것 같아 염려될뿐더러 두서없이 쓰다 보니 앞뒤 아귀가 맞지 않는 것이 있을까 부끄럽기까지 하다.

읽어 주시는 분들의 넓은 이해를 구하며, 새로운 자료들을 만날 기회가 있다면 색다른 접근으로 수정해 볼 계획이 있음을 약속드린다.

II

살아간다는 것은 자취를 남기는 일이다.

이력에 담긴 업적이나 공과功過 같은 것들은 전혀 사라지지 않을 것 같다가도 뒤따라 온 세월에 탈육脫肉이 되어 무기화無機化되면, 자연스레 그가 보여준 삶의 열정에 비례했던 신념 같은 것들만 남아 있게 된다.

백낙규는 구한말에 태어나 20세기 초반을 살았던 사람으로 그를 기

억했던 사람들은 거의 없고 더구나 남아 있는 이야기들마저 흩어져 마모된 것뿐이기 때문에 둔탁해진 잔해殘骸만으로 그의 생애를 요연瞭然하게 살펴본다는 것은 쉬운 일이 아니다.

그러나 남아 전해지는 것들이 희박하다 하더라도 그가 마주했던 시대적 상황을 탐색하고 활동했던 공간에 남겨진 흔적들만이라도 촘촘하게 거두어 본다면 전혀 불가능한 일만은 아닐 것이다.

인간의 사고와 행동은 그가 살았던 시대적 상황에 반사적일 때가 많은 법. 비록 망각에 묻히고 남아 있는 자취가 희미해졌다 할지라도 남겨진 자국들을 조심스레 인출印出해낼 수만 있다면, 달을 그리지 않고도 구름을 그려 달을 드러내듯 그의 삶의 윤곽을 짐작해 볼 수가 있지 않을까?

홍운탁월2)烘雲托月! 구름을 그려 달을 그려내듯 요흔凹痕의 언저리에 드러난 백낙규의 삶 속에서 그가 매달렸던 실존적 상황을 살핌으로 그의 영성과 신앙도 함께 엿볼 수 있을 것이라 생각이 든다

백낙규(1876-1943)가 살았던 시대는 어쩌면 조선의 역사 중 가장 어두운 질곡의 시기였다. 부정부패와 외세의 침략으로 격동을 치던 구한말 시기에 몰락한 양반으로서 고향을 떠나 동학에 몸을 던져 농민항쟁의 중심에 섰다.

---

2) 달을 직접 그리지 않고도 달 주변의 구름을 채색해 달을 드러내는 수묵(水墨) 화법

19세의 젊은 나이에 목숨을 걸고 역사의 가파른 협곡에 섰다는 것만으로도 얼마나 벅찬 고뇌와 갈등에 시달리고 살았을지 헤아려봄 직하다

그는 이 땅에 살면서 개혁의 주체가 되어 보고자 몸부림을 쳤으나 패배와 좌절을 맛보았다. 밀려오는 외세에 의해 나라를 잃고 혼돈混沌의 세월을 살면서도 그는 거기서 끝내려 하지 않았다. 오히려 그가 만난 복음 안에서 해답을 찾으려 했다.
하나님 나라에서 비전을 보았던 백낙규는 교회를 세우고 젊은이를 가르치려 학교를 세웠다.

끊임없이 치열함을 가지고 살았던 그였지만 목숨을 다할 때까지 어둠의 터널이 여전히 그를 가로막고 길을 내어주지 않았다.
씨앗을 뿌렸으나 꽃이 피는 것을 보지 못한 채, 황국화 신민 정책으로 학교가 폐교되고 교회가 문을 닫는 아픔을 겪으며 코앞에 둔 해방을 보지 못하고 향년 67세로 하나님의 부르심을 받았다.

그는 포로로 끌려가 고통 속에서 신음하는 이스라엘 백성을 향하여 하나님께서 약속하신 회복을 소망하며 외치던 스가랴 선지자처럼 백낙규도 역시 가난한 이웃들에게 희망을 제시하면서, 그들과 함께 해방을 꿈꾸었고 하나님의 나라를 읊조리며 살았다.
하나님의 약속을 바라보며 노래 부르던 스가랴는 이 땅에 살았던 백낙규의 표상表象이었다.

"이날에 그들의 하나님 여호와께서 그들을 자기 백성의 양 떼같이 구원하시리니 그들이 면류관의 보석같이 여호와의 땅에 빛나리로다"(슥 9:16)

구한말 조선 땅에 태어나 외세의 지배 아래 굴레 씌워진 민중의 삶을 살았지만, 그는 자기 삶에 주어진 역할과 사명을 올곧게 감당했다.

어두운 질곡의 삶을 살면서도 소망했던 하나님 나라의 비전을 이루려 바라고 믿었던 바를 실천에 옮기며 살았던 그의 역정歷程을 살피며, 주변에 남겨둔 흔적을 따라 이야기로 풀고자 한다.

2021년 4월
백종근

목차

저자서문 | 4
글을 시작하며… | 8
글을 마치며… | 284

제 1 장
복음의 여명

1. 이수정과 마가복음 | 28

    이수정의 개종 | 29
    성경이 한글로 번역되다 | 31
    조선의 마게도냐인 이수정 | 33
    마가복음으로 시작한 선교 | 37

2. 남장로교와 유니온신학교 | 39

    선교 열풍이 미국을 휩쓸다 | 39
    조선 선교를 호소하다 | 41
    남장로교 선교사 양성의 산실 | 44
    7인의 개척자 조선에 오다 | 46

제 2 장
동학과 백낙규

1. 조선, 침체의 늪에 빠지다 | 51

동학농민항쟁의 발발 | 51
전주화약 | 54
청일전쟁과 일본의 승리 | 55
일본의 내정간섭 | 56

2. 동학(東學)에 참여하다 | 57

18세 청년의 눈으로 세상을 보다 | 57
동학에 입도하다 | 58
삼례기포에 뛰어들다 | 59
우금치 전투 | 60

3. 익산(益山)에 은신(隱身)하고 둥지를 틀다 | 65

백제의 고도 금마, 요교호의 전설 | 65
황등의 유래 | 72

제 3 장

군산선교부와 초기선교

1. 수탈의 애환이 서린 군산 | 76

군산의 개항과 침탈의 시작 | 76
소작농이 급증하다 | 80
옥구 농민 소작쟁의 | 81
식민지 하부구조로 전락하다 | 82

2. 선교사역의 시작과 활동 | 84

선교사들의 정착 | 84
선교 스테이션을 조성하다 | 88
전도선 선교 | 88

3. 시련을 딛고 자리를 잡다 | 91

드루 박사의 귀국 | 91
전킨의 사역과 그의 죽음 | 91
데이비스의 죽음과 하위렴의 합류 | 94
부위렴 부부 선교사의 활약 | 98
뱃길을 따라 충남지역으로 | 102
영명학교와 인돈의 교육사역 | 103
의료선교사들의 활약 | 105

4. 남장로교 선교부의 통전적 선교전략 | 109

거점據點중심 선교를 펼치다 | 109
순회사역으로 지도력을 세우다 | 111
열린 교육을 지향하다 | 114
팀 사역으로 선교 효과를 극대화하다 | 115

제 4 장

백낙규와 동련교회

1. 복음을 만나다 | 119

장터에서 만난 선교사 | 119
신앙공동체를 꿈꾸며 | 126
하위렴 선교사로부터 세례를 받고 | 127
보편적 가치와 사명을 깨닫다 | 130
조직교회로서 자리가 잡히다 | 133

2. 예수꾼 공동체, 동련교회 | 135

공동체의 정체성을 세우다 | 136
계몽에 앞장서며 전도의 기회로 | 139
말씀을 실천하며 본을 보이고 | 143
윤리적 기준에 맞춰 권징까지도 | 144

3. 해방 이전까지 동련교회를 섬겨온 목회자 | 146

하위렴 William B. Harrison | 147

황재삼 | 152

매요한 John McEachern | 154

박연세 | 157

김중수 | 160

보이열 Elmer T. Boyer | 162

구연직 | 165

선교부 철수 이후 동련교회를 맡은 목회자들 | 169

4. 핍박과 고난의 시절 | 170

신사참배의 강요 속에 교회가 해산되다 | 170

아! 백낙규 장로의 소천 | 176

제 5 장

백낙규의 실천적 신앙의 전개

1. 영성의 변천과 사명의 재발견 | 182

하나님 나라에서 개벽을 보다 | 182
고향을 등지는 농민들의 이산離散을 보며 | 190
3·1 운동, 독립의 열망을 함께하다 | 194
자신의 자리에서 할 일을 찾고자 | 196

2. 청소년 교육에 힘쓰다 | 200

갑오경장과 교육조서 | 200
교육구국운동의 물결 | 202
계동학교를 세우다 | 203
민족교육의 요람 | 209

3. 기독교 신앙과 민족의식은 하나 | 213

독립운동을 지원하다 | 213
나무 심기 운동과 농촌계몽 | 217

4. 선교적 공동체를 지향하며 | 220

선교적 교회로서의 역할 | 220
포자 교회와 교회분립 | 222

제 6 장

갈등을 넘어 토착화로

1. 토착화 과정의 전개 | 230

예양협정과 선교구역의 분할 | 230
다양한 문화적 토양 | 233
복음의 수용성과 교회성장 | 237

2. 도약과 성장 | 240

뜨거운 성령의 역사 | 240
지역별 복음화율 | 244

3. 갈등과 분열의 아픔을 견디며 | 247

제 7 장

동시대(同時代)를 동역(同役)하며

1. 지역교회와 지도자들의 활약 | 255

『김인전과 서문교회』| 258

『최흥서와 지경교회』| 260

『홍종필과 개복교회』| 262

『조덕삼/이자익과 금산교회』| 264

『김계홍과 삼례교회』| 268

『최학삼과 대창교회』| 270

『강평국과 구봉리 교회』| 274

『이승두와 번역자회』| 276

『오인묵/오긍선 부자父子와 구암교회』| 278

2. 초기교회 리더십의 역할과 기능 | 280

일러두기 :

1. 구한말에서 일제강점기에 이르는 시기의 국호에 대한 표기는 경우에 따라 조선과 한국을 혼용했음을 미리 말씀합니다. 왜냐하면, 초기선교 기록에서조차도 '조선'에 파송된 선교사를 '내조 선교사'가 아닌 '내한 선교사'로 표기하기도 하고 영문 국호 'KOREA' 조차도 '조선', '한국' 또는 '대한' 등으로 다양하게 번역되어 있었기 때문입니다.

2. 백낙규 장로의 생존 시기(구한말에서 해방 이전)와 활동에 초점을 맞추었으나 부가적인 이해가 필요하다고 생각되는 부분에는 해방 후의 이야기도 다소 포함되어 있습니다.

3. 인용한 인물들의 이야기 가운데 본의 아니게 소홀히 다루어진 점이 있거나 경우에 따라 누(累)가 되는 내용이 있을 수도 있습니다. 널리 혜량(惠諒)해 주시기 바랍니다.

제 **1** 장

복음의 여명

1. 이수정과 마가복음

"오직 성령이 너희에게 임하시면 너희가 권능을 받고 예루살렘과 온 유대와 사마리아와 땅끝까지 이르러 내 증인이 되리라" (행 1:8)

제자들은 주님의 이 분부를 지상 대명령The Great Commission으로 여겼다. 사도 바울이 로마를 넘어 지중해의 끝자락 서바나까지 가서 선교하기를 간절히 염원했던 것처럼 사도행전적 증인의 사역은 2천 년 교회사 내내 땅끝 선교를 열망하며 이어져 왔다고 할 수 있다.

유대에서 안디옥으로, 그리고 소아시아와 지중해로, 크고 작은 역사적 사건을 동반하면서 대서양을 건너 신대륙으로, 그리고 다시 태평양을 가로질러 은둔의 나라 조선에도 찾아와 문을 두드리기 시작했다.

"이 천국 복음이 모든 민족에게 증거되기 위하여 온 세상에 전파되리니 그제야 끝이 오리라" (마 24:14)

모든 열방에게 복음전파가 완료되는 그때를 구속사의 종결로 말씀하신 것으로 보아 처음부터 기독교의 역사는 선교의 역사라고 보아도 무방하지 않을까?

복음전파의 발길이 조선에 건너오려 할 즈음 하나님께서는 디딤돌을 미리 준비해 두셨다. 조선의 관료 이수정의 개종과 그가 했던 최초의 성경 번역이 그것이었다.

이수정의 개종

이수정은 1881년 신사유람단의 수행원 자격으로 일본에 왔다. 이때 동행했던 수행원들 가운데에는 윤치호, 유길준도 있었다. 이수정의 임무는 일본의 혁신적인 농업기술과 생산성을 눈여겨보고 배워 가는 것이었다. 이미 일본을 다녀온 지인으로부터 일본 농업의 근대화를 지휘하던 쓰다 센津田 仙 박사를 소개받은 터였다.

어느 날 쓰다 센은 조선에서 온 이수정을 자신의 집에 초대했다. 이수정이 그의 집을 방문해 거실에 들어서는 순간, 한쪽 벽에 걸려있는 족자의 글귀가 우연히 눈에 들어왔다.

"虛心者福矣 以天國乃其國也"
"심령이 가난한 자는 복이 있나니 천국이 저희 것임이요" (마 5:3)

이수정이 한 번도 접해 보지 못한 글귀였다. 글귀에 호기심을 보이는 이수정에게 쓰다津田 박사는 서양의 기독교를 소개하며 글귀의 원전인 한문 성경 한 권을 건넸다. 그가 건네준 성경을 들고 숙소에 돌아온 이수정은 그날 밤 이 '낯선 책'을 펼쳐 들고 읽어보았으나 그가 섭렵해 왔던 유학의 경전과는 너무도 판이했다.

일본에 함께 왔던 신사유람단 일행은 일정을 마치고 조선으로 돌아갔으나 수행원이었던 이수정에게는 체류의 기회가 따로 주어졌다. 이렇게 일본에 머물게 된 그가 여러 기관을 둘러보며 소스라치게 놀란 것은 모든 공문서가 한문이 아닌 일본어로 작성되고 있는 점이었다.
일본은 이미 자국어를 공식화하고 사대事大와 교린交隣이라는 중화 중심의 세계관에서 벗어나고 있었으며, 지금까지 교화敎化의 대상으로만 여겨왔던 변방의 일본이 세계무대에서는 조선을 저만치 앞질러가고 있었다.

큰 충격을 받은 이수정은 아직도 주자학에 기대어 세상을 바라보는 조선의 현실을 되돌아보았다. 이러한 조선에 아무리 새로운 문물을 배워 간다고 하더라도 과연 근본적인 개혁을 이뤄낼 수 있을지 깊은 회의가 밀려왔다.
이수정은 일본의 개화 과정에 미친 서구의 세계관을 새롭게 검토하며 이때부터 관심을 가지고 성경을 읽기 시작했다.

1882년 12월 25일 그는 츠다津田 박사의 안내로 한 일본인 교회에 참석했다. 마침 성탄절 예배를 드리고 있었다. 난생처음 참석한 예배가 낯설고 어색했으나 한 번도 느껴보지 못했던 뜨거운 감동이 밀려오면서 자신도 모르게 그의 마음이 예배에 열리고 있음을 깨달았다.
마침내 그는 이듬해인 1883년 4월 29일 북장로교 선교사 조지 낙스

George W. Knox 목사로부터 세례를 받았다.

이수정이 세례를 받았다는 소식은 곧바로 일본 교계에 큰 화제가 되었다. 일본 교계는 물론 일본에 머물던 미국 선교사들까지 흥분을 시킨 사건이었다. 왜냐하면, 이수정의 수세水洗는 곧바로 조선 선교의 가능성을 예고하는 일이었기 때문이었다.

일본 주재 미국 성서공회 총무 헨리 루미스H. Loomis 선교사도 이 소식을 들었다.

성경이 한글로 번역되다

이수정을 만나본 루미스H. Loomis 목사는 그의 비범함을 첫눈에 알아보았다. 그리고 이수정에게 한글 성경 번역을 의뢰했다. 이수정은 조선의 지식인이었다.

한문 성경에 한국식 토吐를 다는 정도라면 그에게 그다지 어려운 일이 아니었다. 그는 곧바로 현토한한懸吐漢韓 신약성서를 간행했으며 이어서 1885년 초에는 최초의 한글 성경인 〈신약 마가복음서언해〉를 펴냈다.

스코틀랜드 성서공회의 지원 아래 출간된 존 로스John Ross의 조선어 성경이 구어체의 관서방언이었던 것과는 달리 미국 성서공회의 지원으로 출간된 이수정의 번역 성경은 문어체의 표준어였기 때문에 이후 우리말 번역 성경의 기본으로 자리매김을 하게 되었으며, 조선 선교의 문을 여는 결정적 역할을 하기도 했다.

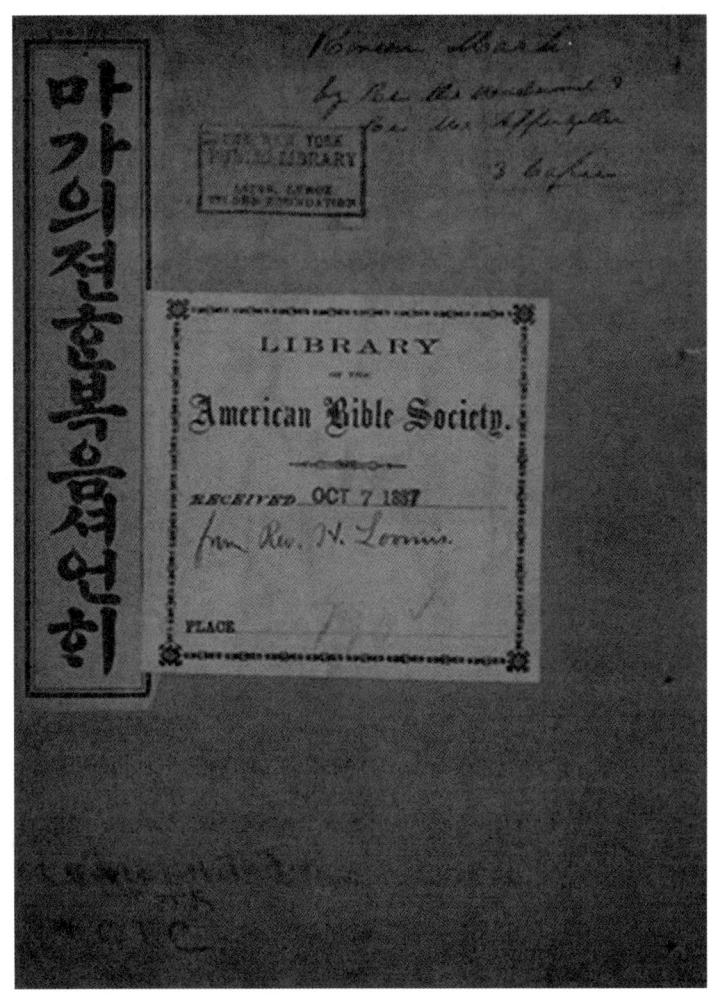

이수정이 번역한 마가복음[1]

---

1) 1885에 간행한 〈신약 마가복음셔언해〉의 수정본이다. 중앙에 정사각형 종이로 된 미국 성서공회 도서관 책 정보 메모지가 부착되어 있다. 거기에 Oct. 7. 1887년으로 찍힌 도장은 도서관에 입고된 날짜로 보인다. 그 아래 from Rev. H. Loomis라고 쓰여있다.

1884년 갑신정변이 실패로 돌아가면서 박영효, 서광범, 서재필, 윤치호, 김옥균 등 개화파들이 일본으로 망명을 해왔다.

그 당시 대부분의 개화파 정객들은 기독교를 기존의 가치와 질서를 대신할 개화의 수단 정도로만 여겼으나, 이수정은 조선을 변화시킬 수 있는 길은 오직 복음뿐이라는 확신을 개종할 때부터 했던 것으로 보인다.

이수정은 1885년 개화파 유학생들과 함께 기독공동체를 조직하고 예배를 드리면서 도쿄 조선인 유학생 교회를 시작했다.

자신이 시찰단으로 일본에 올 때 함께 왔었던 윤치호를 이때 유학생 교회에서 다시 만났다. 이수정에 의해 복음을 듣게 된 윤치호는 그 후 중국을 거쳐 미국으로 건너가 에모리 대학에서 공부하던 시절, 북장로교 선교사 언더우드와 함께 '전국신학생연합선교대회'에 강사로 참석해서 조선 선교를 호소하기도 했다.

그야말로 태평양을 넘나들며 지속되는 사도행전적 사역이었다. 그 선교대회에서 활약했던 언더우드와 윤치호 이 두 사람은 남장로교 '7인의 개척자'가 조선 선교를 결심하도록 계기를 만든 장본인들이었지만 놀랍게도 그 뒤에는 이수정이 있었다.

조선의 마게도냐인 이수정

어느 날 이수정은 기이한 꿈을 꾸었다. 낯선 두 남자가 자기에게 다가와 짊어진 보따리를 이수정 앞에 내려놓았다. 하나는 키가 컸고 하나는 작은 키였다. 궁금해서 이수정이 물었다.

"이게 무엇이오?"
"당신네 나라에서 가장 필요한 귀한 책이요"
"무슨 책인데 그러시오"
"성경이라고 하오"
그리고는 두 남자가 사라져 버렸다.

이수정은 깜짝 놀라 꿈에서 깨어났다.

얼마 후 이수정은 미국 성서공회 총무 헨리 루미스 목사를 만나는 자리에서 자신의 꿈 이야기를 했다. 루미스 목사는 이를 무심히 넘기지 않고 미국 성서공회 간행물[2]에 이수정의 꿈 이야기를 소개하며 조선 선교의 긴박성을 호소했다.

이 일을 계기로 이수정은 조선의 선교를 촉구하는 내용의 편지를 자신이 직접 미국의 선교잡지에 기고하기도 했다.

---

[2] Henry Loomis, "Rijutei's Strange Dream" *Bible Society Record*, Vol. XXVIII. No. 7, New York, July 19, 1883. pp.101-103
(헨리 루미스는 이수정의 꿈 이야기를 크리스천 헤럴드에 다시 소개하기도 했다.)
"Rijutei's Strange Dream", *The Christian Herald*, Jan 8, 1902. pp.41
(Rijutei는 이수정의 일본어 발음 영문표기이다.)

Yokohama, Dec. 13, 1883

I, Rijutei, a servant of Jesus Christ, send salutation to the brethren and sisters of the churches in America.

By the power of faith and truth I receive great blessings of the Lord and my happiness is unlimited. Since by your prayers and supplications we are able to keep our faith firmly and are not moved by Satan, we ascribe praise and glory to the Lord.

Tens of thousands of people in our country are still ignorant of the way of the true God and live as heathen. They have not yet received the saving grace of the Lord.

In this day of the propagation of the gospel, our country is unfortunately situated in an obscure corner of the globe where it has not enjoyed the blessings of Christianity. Therefore, I am translating the Bible into the Corean language in order to make it a means of extending the gospel. For the success of this work, I am praying day and night. The Gospel of Mark is nearly completed.

Five of my countrymen are of the same mind with me. They have been baptized already. There are many more who receive the teachings of the Bible gladly, and the number or those whom we expect to become Christians increases daily.

During the past seventy or eighty years the French missionaries have been secretly propagating their doctrines in Corea. The Government strictly prohibited their religion and the converts were put to death without distinction of age or sex. But they held to their faith and died triumphantly. Those who have been thus executed are more than 100,000. Although these persons were mistaken in understanding the teachings of the Lord, their faith is praiseworthy, and it shows that the people are ready to receive the gospel. The priests also were often persecuted, but they heeded not the dangers.

At present the Government has opened the country to foreign intercourse and is trying hard to improve the condition of the people. Consequently it is more lenient towards the Christian religion; and although it has not permitted it openly, it does not seek to persecute Christians.

Recently a Chinese Christian named Wan Sok-Chak, presented a copy of the New Testament to our king, but the Government interfered and it was not accepted. The king was very much displeased, and the affair is now a subject of great discussion. At first we must expect difficulties; but it will only clear up the way, and I think this is the golden opportunity for introducing the gospel into Corea.

Your country is well known to us as a Christian land; but if you do not send the gospel to us, I am afraid other nations will I hasten to send their teachers, and I fear that such teachings are not in accordance with the will of the Lord.

Although I am a man of no influence, I will do my utmost to aid missionaries as you may send. I beg most earnestly that you will send some one to Japan at once who can consult with those who are laboring here and prepare himself for the work. This, I think, is the best and safest plan.

I beseech you to give a careful consideration to these words of mine, and if my request is granted my joy will be unbounded.

　　　　　　A Servant of Christ
　　　　　　　　RIJUTEI

"…여러분의 나라는 우리에게 기독교 국가로 잘 알려져 있습니다. 그러나 당신들이 우리에게 복음을 전하는 일에 지체한다면 나는 다른 나라가 조선에 선교사를 머지않아 파송하리라 생각하며… (중략) 비록 나는 영향력이 없는 사람이지만 여러분들이 파송하는 선교사들을 돕는 일에 최선을 다하겠습니다…"[3)]

그리스도의 종 이수정 드림

---

3) "The Gospel for Corea", *The Illustrated Christian Weekly*, Jan. 26. 1884, pp.46
"Rijutei to the Christian America, Greeting", *Missionary Review*, Mar. 1884, pp.145-146

그 당시 일본의 영향력이 조선의 여러 분야에서 크게 증가하고 있었지만 대부분 조선인은 일본을 호의적인 정서로 대하지 않았다. 이런 상황을 누구보다도 잘 알고 있던 이수정은 일본 교회가 조선 선교에 앞장서는 것을 극구 반대했다.

처음부터 이수정은 조선 선교가 성공하려면 일본이 아니라 미국이 나서야 한다는 의견을 강력하게 피력하였다.

마침 미국 북장로교 입장에서도 인도를 비롯한 중국과 일본 등 아시아 선교에 관심이 고조되고 있던 터에 일본에 주재하던 낙스George W. Knox 선교사로부터 조선 선교에 대한 요청이 여러 차례 보고가 되자, 이때부터 북장로교 해외선교부에서는 조선 선교에 관한 논의를 본격적으로 하기 시작했다.

한편 앞에서 언급한 선교잡지에 실린 이수정의 간절한 편지를 읽고 감동한 이들이 있었다. 언더우드와 아펜셀러였다. 얼굴도 모르는 조선인이 기고한 한 통의 편지로 인해 벽안의 두 청년은 조선 선교를 결심하고 있었다.

마치 드로아에서 환상 가운데 나타난 마게도냐 사람의 권유로 선교 발길을 유럽으로 돌린 바울의 사정과 너무도 흡사했다. 조선으로 선교의 물꼬를 열고자 하시는 하나님의 놀라우신 섭리였다.

"밤에 환상이 바울에게 보이니 마게도냐 사람 하나가 서서 그에게 청하여 가로되 마게도냐로 건너와서 우리를 도우라 하거늘 바울이 이 환상을 본 후에 우리가 곧 마게도냐로 떠나기를 힘쓰니 이는 하나님이 저 사람들에게 복음을 전하라고 우리를 부르신 줄로 인정함이러라" (행 16:9-10)

얼마 후 조선 선교사로 파송된 언더우드와 아펜젤러는 먼저 일본에 들러 선교청원을 했던 이수정을 만났다. 그들이 상상했던 대로 이수정은 탁월한 식견과 열정을 가진 청년이었다.

그들은 뛰어난 외국어 실력을 지닌 조선인 청년 이수정을 통해 조선어를 배웠으며 그가 번역한 성경을 가지고 조선에 들어왔다.

그리고 몇 해 뒤에 남장로교 선교사들 역시 이수정의 마가복음을 손에 들고 내한했다. 선교사가 이미 번역된 성경을 가지고 선교지에 들어간 사례는 2천 년 기독교 선교역사 어디에서도 유례가 없는 일이었다.

마가복음으로 시작한 선교

이수정은 마가복음을 제일 먼저 번역했는데 아마도 선교 복음서로서 마가복음이 가장 적절하다고 여긴 헨리 루미스 목사의 생각이 반영된 것으로 보인다.

복음서 가운데 최초로 기록된 것으로 알려진 마가복음은 예수가 하나님의 아들이라는 점과 그가 선포한 하나님의 나라에 초점을 맞추고, 예수님의 공생애만을 기록했기 때문에 문장이 짧고 간결하다는 특징이 있다.

"하나님의 아들 예수 그리스도 복음의 시작이라"(막 1:1)
"가라사대 때가 찼고 하나님의 나라가 가까웠으니 회개하고 복음을 믿으라 하시더라"(막 1:15)

1910년 선교부 연합공의회에서 "백만 영혼을 그리스도께"라는 표어를 채택하고 열정적인 복음 전도를 시작할 때도 마가복음을 인쇄하여 배포한 것은 이런 특징 때문이라 여겨진다.

이렇게 번역된 이수정의 마가복음이 선교사들의 손에 들려져 조선으로 향하게 된다. 얼마 후 장터에서 백낙규의 손에 쥐어진 그 쪽복음도 바로 마가복음이었다.

조선의 백성들이 지금까지 들어보지 못한 하나님의 나라, 이 하나님의 나라의 때가 가까웠다는 선포는 앞으로 전개되는 조선의 선교에 백성들의 마음을 사로잡는 가장 역동적인 선포였다.

2. 남장로교와 유니온신학교

선교 열풍이 미국을 휩쓸다

신대륙을 개척했던 청교도들의 열정적이고 경건했던 신앙이 유럽에서 흘러들어온 계몽주의의 영향을 받으면서 점차 열기가 식어가자, 곳곳에서 복음주의 회복을 외치는 물결이 일어나기 시작했다.

18세기 중반에 이르자 유례없는 영적부흥이 대각성 운동The Great Awakening으로 이어지더니 19세기 말까지 엄청난 반향을 일으키며 미국을 휩쓸었다. 하나님 나라와 그 백성의 삶을 강조하는 조지 휫필드Geoge Whitefield, 조나단 에드워드Jonathan Edward, 찰스 피니Charles G. Finney 등의 열정적 설교는 신대륙 미국의 새로운 역할을 제시하며, 미국 사회의 모든 영역에 깊은 영향을 주었다.

대각성 운동의 여파는 19세기 내내 엄청난 교회부흥을 이루는 계기가 되었을 뿐만 아니라 해외선교 운동에 견인차 구실을 했다.
미국의 주요교단들이 선교협회를 조직하고 선교에 박차를 가하자 이때부터 수많은 선교 지원자들이 줄을 이었다. 19세기 후반 미국의 선교 열기는 최고조에 달했는데, 때마침 조선의 문호 개방과 시기적으로 맞아 떨어지면서 조선 선교의 붐이 크게 일기 시작했다.

북장로교 해외 선교부 총무 로버트 스피어Robert E. Spier가 교단과 교계를 초월한 선교협력 체제를 구축하던 시기도 바로 이때였다.

조선 선교가 착수되기 시작한 19세기 후반의 미국 장로교는 신학과 교세 그리고 해외 선교에 있어서 미국의 개신교를 대표하는 가장 영향력이 있는 교단이었으나 얼마 가지 않아 부흥 운동의 진행 방향을 놓고 의견들이 나뉘더니, 프린스턴 신학교에 불어닥친 자유주의 신학의 여파까지 겹치면서 급기야 신파와 구파로 갈라지고[4] 말았다.

여기에 다시 회중 교회와의 연합의 문제가 이슈로 떠오르며 이합집산離合集散을 거듭하기 시작했다.

게다가 남북전쟁으로 인해 북부와 남부연합으로 분열이 되자 구파와 신파로 갈라져 있던 장로교가 이번엔 남과 북으로 나뉘고 말았다. 남과 북 어느 쪽에도 구파와 신파가 혼재된 상황에서 이번에는 신학적 이슈와는 전혀 관계없이 북부의 장로교는 UPCUSAUnited Presbyterian Church in the U.S.A.라는 이름으로, 남부의 장로교는 PCUSThe Presbyterian Church in Unite States로 탄생하게 되었다. 이렇게 분열된 남, 북장로교회는 남북전쟁이 끝

---

4) 장로교 전통과 교리를 고수하려는 구파(Old School)와 부흥 운동과 은사주의를 지지하는 신파(New School)로 분리가 되었다.

나고도 122년 동안 분열 상태로 있다가, 1983년 현재의 미국장로교인 PCUSA_{SAPresbyterian Church in USA}로 극적인 통합을 이루었으나 또다시 남부의 구파들은 PCA_{Presbyterian Church in America}로 독립해 나갔다.

남북전쟁이 종식되고 나서도 여전히 교단은 분열된 채였지만 다행스럽게도 부흥 운동의 열기는 그대로였다. 기독교 교세가 급격히 확장되고 경제 성장에 따른 해외 선교열에 힘입어 북장로교는 1884년에, 남장로교는 1892년에 조선 선교의 문을 열었다.

이 당시 조선에 파송된 선교사들은 지역과 교단을 불문하고 위에서 언급한 19세기 부흥 운동과 '해외선교학생자원운동'_{The Student Volunteer Movement for Foreign Missions}에 크게 영향을 받은 자들이 많았으며 회심을 통한 경건한 삶을 강조했던 신파 성향을 지닌 자들이 대부분이었다.

그 당시 미국은 산업화 단계로 진입이 채 되지 않은 시기였던 만큼 조선에 파송된 대부분의 선교사들은 지금 우리의 신앙생활과 비교가 되지 않을 만큼 경건하고 헌신적이었다.

조선 선교를 호소하다

갑신정변이 실패로 막을 내리자 개화파 윤치호는 일본으로 망명을 했다. 그리고 그는 다시 중국 상해로 건너가 그곳에서 만난 한 선교사의 소개로 중서서원_{中西書院, the Anglo-Chinese College}에서 공부하면서 복음을 듣고,

조선 최초 감리교 신자가 되었다.

그 후 미국으로 건너가 밴더빌트 대학에서 신학을 공부하고, 다시 에모리 대학에서 문학을 전공한 그는 영어에 탁월함을 보여 성적은 언제나 수석이었다.

1891년 북장로교 선교사 언더우드 목사가 첫 안식년을 맞아 미국에 돌아갔을 때 에모리 대학에 유학 중이던 윤치호와 함께 테네시주 내슈빌에서 '전국신학생연합선교대회'에 강사로 참여했다.

언더우드 목사가 조선의 형편을 소개한 후 뒤이어 연단에 오른 윤치호가 조선 선교의 시급함을 호소해, 그 자리에 모인 신학생들을 크게 감동시켰다.

"저는 인간의 설득으로 선교사가 되는 것을 믿지 않습니다. 그러므로 저는 누구에게 요청하지도, 설득하지도 않습니다. 그러나 만약 조선이 우리 구세주의 행군 명령에 포함되었다고 확신한다면, (중략) 하나님의 영이 그곳으로 가라고 말씀하는 데 순종한다면, 만약 이러한 것들이 매력이고 이러한 것들이 사명이라면, 이러한 것들이 여러분을 움직이고 이러한 것들이 여러분을 조선이라는 선교지로 가도록 부르게 하십시오.[5]"

집회가 끝나자마자 맥코믹 출신 테이트 Lewis B. Tate 와 유니온 출신 카메론

---

[5] "윤치호 일기 2권", 1891. 10. 25(일요일), 〈한국사료총서 제19집〉, 1889년-1892년

존슨Cameron Johnson과 레이놀즈W. D. Reynolds 그리고 전킨W. M. Junkin은 그 길로 함께 남장로교 해외선교부 실행위원회에 조선 선교를 위해 지원서를 제출했다.

그러나 얼마 후 실행위원회로부터 돌아온 대답은 교단적 준비에 미흡함을 이유로 그들의 청원을 거절한다는 내용이었다.

그러나 저들은 물러서지 않고 캠페인을 벌이며 위원회를 설득하면서 한편으로는 선교소식지에 조선 선교를 시작하자는 호소의 글을 지속적으로 기고하고 버지니아, 노스캐롤라이나, 테네시주의 주도적인 교회에 조선의 상황을 알리면서 전심으로 기도했다.

놀랍게도 얼마 가지 않아 선교 지원자들의 간절한 기도에 응답이 있었다.

뉴욕에서 사업을 하던 언더우드Horace G. Underwood 박사의 동생 존 언더우드John Underwood가 헌금한 2,000불과 언더우드 자신과 북장로교 다른 친구들이 3,000불을 모금해서 남장로교 해외선교부에 보내자 1892년 남장로교 해외선교부 실행위원회에서는 다시 모임을 갖고 북장로교와 선교협력 차원에서 젊은이들의 요구에 부응하기로 합의하고, 전킨Junkin 부부와 레이놀즈Reynolds 부부 그리고 테이트Tate 남매와 리니 데이비스Linnie Davis 등 7인의 조선 선교사 파송청원을 허락했다. 처음 선교청원이 부결되고 나서 두 달 정도가 지난 후였다.

남장로교 선교사 양성의 산실

앞에서 언급했듯 초기 남장로교 내한 선교사들은 19세기 미국에 불었던 부흥운동과 '해외선교학생자원운동'The Student Volunteer Movement for Foreign Missions에 크게 영향을 받은 자들로, 대부분 교단 신학교Seminary에서 전문적인 목회자 양성과정을 마친 자들이었다.

원래 'Seminary'라고 하는 학제는 기독교 성직자나 신학자를 양성하기 위한 교육기관으로 유럽에서는 16세기부터 현재의 모습을 갖추고 발전되어 왔고, 미국에서도 건국 초기부터 전문적인 성직자 양성을 위한 학위를 신설하고 대학교를 졸업한 자에게만 입학자격을 주는 3년 전문대학원 과정의 신학교Seminary 학제가 일반적이었다.

그 당시 북장로교 신학교로는 프린스턴과 맥코믹이 유명했고, 남장로교 신학교로는 유니온과 루이빌, 콜럼비아가 대표적이었다.

그중에서도 유니온신학교는 초기 호남 선교를 담당한 많은 남장로교 선교사들이 공부한 유서由緒가 깊은 신학교였다.

1777년 아일랜드와 스코틀랜드계 이민자들이 후손을 교육하기 위해 제4대 대통령을 역임한 제임스 매디슨James Madison과 버지니아 초대 주지사 패트릭 헨리Patrick Henry 그리고 프린스턴 총장인 존 위더스푼John Witherspoon이 협력하여 리치먼드에서 얼마 떨어지지 않은 햄던 시드니에 대학을 세웠는데, 1812년 이 대학의 신학부가 따로 떨어져 나와 목회자 양성을 위한 유니온신학교로 독립하였다.

1892년 미국 남장로교에서 조선에 파송한 초기 선교사 중에 전킨, 레이놀즈 그리고 데이비스 양이 유니온신학교 출신들이었다. 곧 뒤따라 들어온 벨Eugene Bell, 해리슨William B. Harrison, 오웬C. C. Owen, 불W. F. Bull도 역시 유니온신학교를 졸업했으며, 남장로교 내한 선교사 가운데 유니온신학교 출신이 95명이나 된 것을 보면 호남 선교는 유니온신학교 출신 선교사들이 주류를 이루고 있었다고 보아도 무방하다.

많은 한국의 목회자와 신학자들이 공부한 유니온신학교의 대표적인 동문으로는 한국인 최초의 신학박사요 광주 양림교회를 섬긴 남궁혁 목사와 김인전 목사의 사촌 동생인 김홍전 목사를 비롯해 아세아연합신학대학교를 창설한 한철하 박사가 있다.

한때 동련교회 장로 계원식의 장남 계일승 역시 이 학교에서 학위를 하고 후에 장신대 총장을 역임했다. 마틴 루터 킹Martin L. King과 함께 미국 인권운동을 이끌며, 미국 장로교(PCUSA) 제212대 총회장과 클린턴 행정부 종교자문위원으로 활약한 이승만 목사는 오랫동안 유니온신학교에서 가르치기도 했다.

지금까지도 많은 한국 학생들이 공부하는 신학교로 여전히 한국 장로교와는 깊은 관계를 맺고 있다.

조선에 선교사를 파송하던 당시 남장로교 교단 소속의 학부에서 경건 훈련에 익숙해진 학생들이 신학교에 진학할 수 있었던 것도 좋은 자질의 선교사를 양성하는데 큰 몫을 했다.

이눌서William D. Reynolds, 이보린John B. Reynolds 부자와 부위렴W. F. Bull이 다녔

던 햄던 시드니대학Hampden Sydney College[6], 매요한J. McEachern, 마로덕L. O. McCutchen, 보계선Kenneth E. Boyer 선교사가 졸업한 데이비슨대학Davidson College[7]과, 전위렴William M. Junkin과 부위렴W. F. Bull 선교사의 아내 그리고 배유지Eugene Bell 선교사의 아내와 딸이 다닌 메리 볼드윈대학Mary Baldwin College[8], 하위렴William B. Harrison과 배유지Eugene Bell가 다닌 켄터키 센트럴대학Central College[9]은 남부에서는 이름을 날리던 장로교 대학들이었다.

7인의 개척자 조선에 오다

전킨William M. Junkin과 메리 레이번Mary Leyburn 부부, 레이놀즈William D. Reynolds와 볼링Patsy Bolling 부부, 테이트Lewis B. Tate와 매티Mattie S. Tate 남매 등 6명의 선교사는 1892년 11월 3일에 제물포를 통해 조선에 들어왔고, 데이비스Linnie F. Davis 선교사는 10월 17일에 그들보다 먼저 들어왔다.

이후로 이들은 남장로교 조선 선교의 문을 연 7인의 개척자로 불리게 된다.

일단 내한 선교사들은 해외선교부의 엄격한 심사를 거쳐 선발되었으

---

[6] 햄던 시드니(Hampden Sydney, VA)에 소재하는 남부에서 가장 오래된 대학으로 독립선언 이전 (1775)에 세워진 사립대학.
[7] 노스캐롤라이나 데이비슨(Davidson, NC)에 소재한 사립대학.
[8] 1842년에 세워진 버지니아 스타운턴(Stauton, VA)에 소재한 사립대학.
[9] 1901년 켄터키 댄빌(Danville, KY)에 소재한 Centre College와 켄터키 리치먼드(Richmond, KY)에 소재한 Central University가 통합되어 Estern Kentukey University(EKU)로 변경되었다.

며, 선발된 선교사들은 강도 높은 언어 학습과 현지 적응 훈련을 철저히 받았다. 요즘의 선교단체들과는 비교가 되지 않는 교단적 차원의 체계적이고 조직적인 선교였다.

그들은 내한해서 곧바로 선교사 공의회를 조직하고 공의회 이름으로 신학교를 설립한 것이라든지 영국과 스코틀랜드 등 영어권 성서공회와의 상호협력을 통해 진행한 한글 성경 번역사업과 같은 프로젝트는 이와 같은 조직적 선교가 아니었다면 이뤄낼 수 없는 사역이었다.

남장로교 내한 선교사들은 어느 정도 우리말 소통이 자유롭게 되자 본격적으로 선교 활동을 시작했다. 시간이 흐를수록 조선의 선교 상황에 무엇보다 의료선교가 시급하다는 것을 깨달은 선교사들은 본국의 해외선교부에 의료선교사 파송과 충원을 적극 요청했다.

이에 따라 1894년에 남장로교 최초의 의료선교사인 드루A. D. Drew와 그 뒤를 이어 해리슨William B. Harrison을 연달아 파송하였으며, 1897년 의료선교사 매티 잉골드Mattie B. Ingold, 1898년 오웬C. C. Owen, 1904년 포사이드Wiley H. Forsythe가 들어오면서 남장로교 선교는 점차 활기를 띠어가기 시작했다.

파송 선교사의 인원만 보더라도 남장로교는 북장로교에 버금가는 규모였으며, 캐나다나 호주 장로교 선교부와는 비교가 되지 않았다.

선교부 내에 학교, 병원, 숙소가 함께 위치하는 스테이션 체계로 운용하면서 그들의 신변과 생계, 그리고 자녀교육과 복지까지도 책임지고 지원함으로서[10] 선교사들이 현지선교에만 매진할 수 있도록 여건을 제공했다.

남장로교 조선 선교부에서는 선교사들의 사역과 활동을 주기적으로 본국 해외선교부에 보고함으로써 그들을 지원하는 교회와 단체로부터 지속적인 기도와 후원을 받도록 연계하고, 분야가 다른 선교사들(복음, 교육, 의료) 간의 원활한 소통을 통해 시너지 효과를 극대화함으로써 유기적인 선교 체계를 세워가기 시작했다.

---

10) S. H. Chester, D.D "Lights and Shadows of Mission Work in The Far East" *The Presbyterian Committee of Publication*, pp.124 (그 당시 선교사의 연봉은 독신 선교사 $600, 부부선교사 $1,000가 지급되었다. 밀가루 1barrel $13, 소고기 1lb 35 cent, 버터 1lb 80 cent, 석탄 1ton $17로 미리 몇 개월 전에 주문하면 샌프란시스코에서 요코하마를 거쳐 제물포로 탁송되어 다시 뱃길로 군산까지 배달되었다.)

제 2 장

동학과 백낙규

1. 조선, 침체의 늪에 빠지다

동학농민항쟁의 발발

대원군의 간섭을 물리치고 고종의 친정親政을 유도하기 위해 민비는 외척들을 끌어들여 세도정치를 부활시켰다. 민씨 가문 출신 몇몇이 권력을 나눠 쥐면서 조정은 민씨 종친회나 다름없었다.

구한말 여흥 민씨 일파가 차지한 요직이 260명가량이나 되었다니까 민비 집안에서 벼슬을 하지 못한 사람은 거의 없을 정도로, 단일 성씨가 조정을 독식한 것은 조선 역사에 없던 일이었다. 붕당정치는 거기에 비하면 수준급이었다.

세도정치는 왕권의 약화를 불러왔고 외척들의 권력 남용으로 기강이 해이해지자, 삼정의 문란[1]으로 대표되는 부정부패가 만연해지면서 지

---

1) 19세기 말 세도정치가 이루어지면서 매관매직으로 수령 직에 오른 탐관오리들이 국가재정의 3대 요소인 전정(田政), 군정(軍政)과 환곡(還穀)을 악용하면서 일어난 폐단.

방 말단관료에 이르기까지 매관매직이 성행했다.

관직을 돈으로 산 벼슬아치가 백성을 수탈하게 될 것은 불을 보듯 뻔한 일이었다. 게다가 고종 13년(1876년)에는 오뉴월 한여름에도 우박과 서리가 전국적으로 내리는 일이 발생하자 흉흉한 이야기들이 요언謠言을 타고 온 나라에 떠돌았으며, 거기에 전례 없는 참혹한 기근까지 연이어 덮치자 백성들의 원성은 하늘을 찌를 듯했다.

어느 시대든 사회적 혼란과 불안이 가중되면 신흥종교들이 고개를 내밀 듯 이때도 마찬가지였다. 인내천人乃天, 곧 "사람이 곧 하늘이다"라며 인간 평등과 존중의 길을 제시하는 동학東學이 도탄에 빠졌던 백성들의 마음을 사로잡으며, 삼남지방三南地方을 중심으로 빠르게 퍼져 나갔다.

동학의 교세가 날로 커지자 위협을 느낀 조정에서는 동학東學 역시 서학西學과 같이 민심을 현혹하고 국가의 기강을 흔드는 사문난적斯文亂賊으로 몰아세우고, 곧바로 교주 최제우를 붙잡아 처형하고 말았다.

교주를 제거하면 교세가 누그러질 줄 알았던 조정朝廷의 의도와는 달리 웬걸 문제는 엉뚱한 곳에서 터지고 있었다.

전라도 고부! 군수였던 조병갑이 농민들을 강제로 동원해 만석보萬石洑라는 저수지를 축조하고, 그것이 완성되자 터무니없는 고액의 수세를 뜯어내면서 그것도 모자라 걸핏하면 죄 없는 농민들을 잡아다 죄명을 씌워 때리고 재물을 착복했다. 농민들은 여러 차례 대표를 보내어 관아에 진정을 해보았지만 받아들여지지 않았다.

수탈과 학정에 견디지 못한 농민들이 전봉준을 내세워 무장봉기를 했는데 이때 참여한 농민들의 대부분이 동학교도들이었기 때문에 후에 이 사건을 '동학농민항쟁'으로 불렀다.

전라도는 지형적으로 평야 지대가 많고 해안선이 길어 산물이 어느 고장보다도 풍부했다. 실제로 조선의 재정 40% 이상 거의 절반이 전라도로부터 충당될 정도였다.
임진왜란 당시 충무공 이순신이 "약무호남 시무국가"若無湖南 是無國家 호남이 없었다면 나라를 부지할 수 없었을 것이라고 까지 말했겠는가? 지방의 물산을 육로로 한양까지 운반하기 위한 조선 시대 1번 국도가 호남을 지나는 것을 보아도 알 수가 있다.

조선 시대에만 해도 전라도는 생업에 종사하는 인구비율이 어느 지역보다도 많고 실제 인구도 가장 많은 지역이었다. 조정의 실권자들은 물산이 풍부한 호남지역을 오랫동안 수탈 대상으로만 정당화하면서도 언제나 그것을 정치적으로 이용하려 했다.
'을乙은 스스로 자생하는 것이 아니라 다만 갑甲에 의해 만들어질 뿐'이라는 말이 있듯 동학농민항쟁은 이런 수탈구조를 탈피해 보려는 농민들의 자연스러운 반응이요, 그것이 호남지방에서 일어난 것은 필연적인 결과라 할 수 있다.

고부 관아를 점령하고 황토현 전투에서 승리한 동학 농민군은 1만여 명의 엄청난 위세를 과시하며, 전라감영이 있는 전주로 달려가 공략에 나섰다.

고부에서 첫 농민봉기가 일어난 뒤 4개월 만이었다. 전주는 천년 고도요 관찰사가 다스리는 호남 제일의 도성으로 위세가 당당했지만 결국 농민군에게 성을 내주고 말았다

농민군의 무혈입성은 그들이 강해서라기보다 무능한 조정과 부패한 관리들에 대한 민심 이반 때문에 가능한 일이었다. 조선 조정이 발칵 뒤집혔다. 전주는 태조 이성계의 영정을 모신 경기전慶基殿과 전주 이씨 시조 위패를 모신 조경묘肇慶廟가 있는 곳이었다.

더구나 전주성 함락은 곧 동학군이 서울을 향해 진격해올 수 있다는 것을 뜻했다.

다급해진 조정에서는 청나라에 파병을 요청했다. 이때부터 청나라와 일본의 주도권 다툼의 틈바구니에서 조선은 격동의 시대를 맞아야 했다.

조선으로부터 요청을 받은 청나라는 즉각적으로 군대를 파병했다. 청나라가 조선에 군대를 보냈다는 소식이 현해탄 건너 일본에 전해지자 그렇지 않아도 조선을 호시탐탐 노리던 일본 역시 거류민을 보호한다는 명목으로 곧바로 군대를 상륙시켰다.

전주화약

청일 양국이 군대를 파병하며 개입하자 하루속히 사태를 수습하기

원하는 조정에서는 농민군의 요구조건을 들어주겠다며 회유懷柔했다.

전라감사 김학진은 8월 6일 선화당宣化堂2)에서 전봉준을 만나 조속한 폐정개혁을 약속하고, 전라도 53 군현에 집강소를 설치해 농민들의 자치적 민정을 허락한다는 전주화약全州和約3)을 체결하자 농민군은 전주성에서 자진 철수하였다.

청일전쟁과 일본의 승리

전주화약이 있고 나서 농민군이 해산하자, 청일 양국 군의 주둔 명분이 사라져 버렸음에도 오히려 군대를 계속 증파하며, 조선에서의 주도권을 노리던 두 나라는 결국 7월 25일 서해 풍도 앞바다에서 격돌했다. 이 해전에서 일본은 청나라의 함대를 격침하며 승기를 잡더니, 7월 28일 벌어진 성환 전투에서도 일본 육군은 청군을 패배시키며 전세를 갈랐다.

9월 15일 평양성 전투와 9월 17일 다시 맞붙은 서해 해전에서도 청나라 북양함대를 연거푸 격파하며 개전 2개월 만에 일본의 승리로 막을 내렸다.

---

2) 감영 안에서 관찰사가 업무를 처리하던 곳.
3) 1894년 중앙정부가 동학 농민군의 요구조건을 들어주겠다고 회유해 맺은 조약. 폐정개혁의 약속을 받아냈다는 점에서 제1차 동학 농민항쟁의 승리를 상징하는 역사적 의미가 있다.

일본의 내정간섭

청나라를 상대로 한 전쟁에서 아무도 예상치 못한 승리를 한 일본은 이때부터 본심을 드러내며 조선의 실권을 장악하고 내정간섭을 노골화하기 시작했다.

일본의 속내를 알아챈 고종은 일본군의 철수를 강력히 요청했으나 오히려 일본군은 친일내각을 앞세워 고종을 경복궁에 연금하고 조선의 개혁을 서두르면서, 관군과 연합한 일본군을 전주로 내려보내 동학 농민군을 토벌하고 전주화약을 무산시키고자 했다.

2. 동학(東學)에 참여하다

18세 청년의 눈으로 세상을 보다

백낙규는 조선 중기 삼당시인三唐詩人으로 이름을 떨치고 조선 팔문장가八文章家 중 하나로 알려진 옥봉玉峯 백광훈의 12세 손으로 병자 수호조약이 있던 1876년 전남 승주에서 가난한 선비의 아들로 태어났다.

비록 명문가라 하더라도 오랫동안 학자나 벼슬아치를 내지 못하면 가문의 위세가 점차 약해질 수밖에 없었다. 몇 대째 벼슬살이를 잇지 못한 백낙규의 선대에 이르러서는 양반의 지위마저 흔들리는 한미寒微한 처지가 되고 말았다.

더구나 백낙규가 10살 정도 되었을 때 아버지와 형마저 역병으로 죽자 홀로되신 어머니를 도와 동생들까지 맡아 가정을 꾸려나가야 할 정도로 궁벽해지고 말았지만, 그는 효성이 극진한 어린 가장으로 주변 마을까지 소문이 자자했다고 한다.

1888년 무자년戊子年의 기근은 호서와 호남지방에 막대한 타격을 주었다. 그 피해가 말로 표현하기 어려울 정도로 굶어 죽는 사람이 한 집 건너 있을 정도였다. 게다가 역병疫病까지 돌아 피폐해진 고향에서 백낙규는 모친이 어렵게 마련해준 돈으로 행상을 시작했는데, 타고난 부지런함과 성실함으로 들리는 장터마다 신용을 쌓아가며 장사를 잘했다고 한다.

장터를 돌며 백낙규는 세상 돌아가는 이야기를 들었다. 전봉준이 동학도들과 함께 전주성을 함락시켰다는 이야기, 청나라와 일본이 군대를 보내 서로 싸우고 있다는 이야기, 머지않아 나라가 망할지도 모른다는 이야기 등 불안하고 안타까운 이야기 일색이었다.
여러 정세 가운데서도 그가 가장 관심을 가지고 귀를 기울인 것은 동학이었다.

전라감사가 동학 농민군과 화약和約을 맺어 사태가 수습되고 있다는 이야기는 농민항쟁을 먼발치에서 바라보던 백낙규에게 새로운 세상에 대한 기대로 부풀게 했고, 동학에 대해 큰 관심을 불러일으키기 충분했다. 사인여천事人如天. 그렇다! 백성을 하늘처럼 여기는 세상으로 바뀐다면 그 자체가 개벽開闢이 아닌가?
여기까지 생각이 미치자 그는 동학의 가르침이야말로 이 나라의 모든 백성이 실천하고 살아야 할 새로운 강령綱領이라는 생각이 들었다.

동학에 입도하다

동학의 2대 교주 해월 최시형이 탄압을 받고 쫓길 때, 그를 미륵산 사자암에 피신시켜 보살폈다는 박치경[4]은 익산에 해월이 머무는 동안 그를 도와 호남지방 포덕에 힘을 쏟아 교세를 크게 성장시켰다고 했다.

그가 손에 땀을 쥐며 해월을 피신시킨 아슬아슬했던 이야기라든가 무장기포[5]가 있던 1차 봉기 당시 그가 고산에서 기병했다는 흥미진진한 이야기는 마치 신화 속의 영웅 이야기처럼 오랫동안 이 지역에 떠돌았다. 고산[6] 근처로 시집온 누이 집을 오가던 백낙규가 고산의 대접주 박치경의 무장기포의 무용담을 사람들로부터 전해 들은 것은 바로 이때였다.

사람들은 신출귀몰했던 그를 도인道人이라 불렀다. 우연한 기회에 도인 박치경을 만나 새로운 세상을 연다는 그의 포덕에 매료되면서 백낙규가 동학에 입도入道하던 무렵, 그의 나이는 겨우 19세였다.

삼례기포에[7] 뛰어들다

일본의 내정간섭으로 세워진 친일내각에서는 관군과 연합한 일본군을 전주에 내려보내 동학농민군을 토벌하고 전주화약을 무산시키고자 했다.

그러자 대원군은 고종을 대신해서 밀지密旨를 내려 보은의 최시형, 전주의 전봉준, 남원의 김개남에게 협조를 구하고, 일본군에 대항할 것을 요청했다.

---

4) 해월 최시형을 익산 사자암으로 피신시킨 장본인으로, 북접과 남접의 중도적 입장을 취하며, 익산을 호남지역의 동학 포교의 중심으로 만든 인물이었다.
5) 전라도 무장현에서 동학을 주축으로 하는 군중이 봉기하였다는 의미.
6) 전라북도 완주와 충청남도 논산 지역의 옛 지명. 전주로 시집온 백낙규의 누이가 이 근처에 살았다고 한다.(백낙규의 오남 백형열 증언)
7) 1894년 10월 8일 일본군과 결사 항전의 결의를 다지며 동학 농민군이 삼례에서 봉기한 사건. 이때 동학 농민군의 성격은 구국 항일 의병이었다.

사태의 심각함을 파악한 동학 지도부에서는 각 포의 접주들에게 격문을 보내 전국의 모든 조직이 기포하여 일본을 축출하기 위해 전봉준을 도와 항쟁에 참여할 것을 지침으로 내렸다. 잇달아 전봉준은 한양과 삼남을 연결하는 요충지인 삼례 역참에 대도소大都所[8]를 설치하고, 전국의 동학도들에게 통문을 돌려 의병을 모았다.

삼례는 고려 시대부터 역참이 있어 큰 시장이 서는 곳으로 많은 사람이 모일 수 있는 장소로는 제격이었다.

1894년 10월 8일 삼남지방에서 몰려든 4천 명의 농민군들은 척왜양창의斥倭洋倡義[9] 기치를 내걸고 일본군과 결사 항전을 외치며 삼례에서 기포했다.

의협심이 남달리 강하고 강골이었던 백낙규는 솟구치는 의분을 누르지 못하고 삼례기포에 뛰어들었다.

우금치 전투

동학 농민군은 의기가 하늘을 찌를 듯했다. 삼남지방 각처에서 삼례에 모여든 동학 농민군은 노도怒濤처럼 북상했다. 논산을 거쳐 합류한 농민군이 족히 1만은 되었다. 공주 우금치에 이르러 일본군과 맞닥뜨렸으나 6~7일간에 걸쳐 40~50회 격전을 치르는 동안 낫과 죽창을 들고 싸

---

8) 동학의 교세 확장을 위해 설치된 교단 조직으로 중앙 사무 조직.
9) 일본과 서양세력을 배척하여 의병을 일으킨다는 뜻.

우는 농민군은 근대식 무기와 기관총으로 중무장한 일본군 앞에 처음부터 상대가 되지 않았다.

우금치 전투는 전투라 하기보다 차라리 처참한 살육의 현장이었다. 수많은 농민군은 선혈을 흩날리며 비명에 힘없이 쓰러졌다. 겨우 수백 명 정도만 겨우 살아 뿔뿔이 흩어지고 말았다. 훗날 부안의 시인 강민숙[10]은 이렇게 노래했다.

『우금치 전투를 기리며』

강민숙

저 고개만 넘으면 한양 땅에
이른다 했나
혁명이 무엇인지도 모르는
동학의 농민들
머리띠 두르고 일어섰다는
우금치 고개에 서면
한울님을 모시고 조화세계를
영원히 잊지 않는다면
천하만사를 꿰뚫고 만다는
시천주 조화정
영세불망 만사지를 외치며
들불처럼 일어나던

---

10) 전북 부안에서 태어나 중앙대학교 문예창작과를 졸업했다. 1991년 등단해 허난설헌문학상, 매월당문학상, 서울문학상 등을 수상했다. 동학에 관한 연작시로 널리 알려져 있다.

갑오년의 민초들의 나라가 보이네

제 나라, 제 백성도 모르고
총구 겨누던 관군들 향해
불나방으로 뛰어들던
그 날의 뜨거웠던 의기가 보이네

조선 땅에 태어난 그 울분 참지 못해
죽음으로 다시 태어나
살고자 했던 동학도들이여
이 땅에 봄풀 돋아나
그대를 목마름으로 부르는데
들리는가.

그대들은 적이 아니라
역사를 앞서간 혁명의 아들이라고
우리 이렇게
통곡하며 부르노라
다시 일어나 돌아오라고.

농민군의 패배가 확실시되자 밀지密旨까지 내려 일본군에 대항을 요청했던 조정에서는 갑자기 태도를 바꿔 흩어진 농민군들을 동비東匪로 몰아 체포령을 내렸다.
　삼례기포에 뛰어들었다가 천신만고 끝에 가까스로 살아남았던 농민들은 뭔가 잘못되어 가고 있다는 생각이 들기도 전에 불안과 두려움으로 치를 떨며 숨을 죽였다. 개벽을 꿈꾸던 한 젊은이에게는 좌절 그 자체였다.

쫓기는 신세가 된 백낙규는 고향으로 돌아가지 못하고 술로 시름을 달래며 여기저기 떠돌다가 전주에서 가까운 누이 집 근처에 몸을 숨기고 사태가 진정되기를 기다렸다.

백낙규가 약관의 나이로 동학 2차 봉기[11]에 소접주가 되어 우금치 전투에 참여했다고 하는 이야기는 들추어지지 않은 빛바랜 전설이 되어 여전히 우리 가족사로 남아있다.

농민항쟁은 구제창생救濟蒼生에 대한 요구요 외세침탈에 반대하는 보국안민輔國安民의 근대 시민혁명으로 이해되어야 함에도 역사의 그늘에 방치된 채 백 년이 넘는 세월이 지나다 보니, 항쟁의 흔적들은 사라지고 그나마 구전口傳으로만 전해지던 기억들마저 희미해지면서, 그 의미가 점점 훼손되고 잊혀 가는 것이 안타까울 뿐이다.

앞에서도 이야기했듯 동학의 1차 봉기가 제폭구민除暴救民의 명분 아래 탐관오리의 수탈과 학정에 맞서 일어났다면, 2차 봉기는 강압적으로 조선에 들어온 일본군에 대항해서 척왜斥倭와 보국안민輔國安民의 기치를 내건 의병의 성격이 짙었다.

결국, 일본군의 개입으로 농민군이 진압되자 동학농민항쟁은 개혁을 주체적으로 이루지 못하고 안타깝게도 미완의 혁명으로 막을 내리고 말

---

11) 고부 봉기를 1차, 전주성 함락을 2차, 삼례 봉기를 3차로 보는 견해도 있다. 삼례 봉기는 앞에 있었던 봉기와는 달리 항일의병의 성격이 짙었다.

았다. 이때부터 일본은 친일개화파를 전면에 내세워 적극적으로 개혁을 추진했는데 이 사건을 갑오경장甲午更張이라 부른다.

비록 갑오경장이 외세에 의한 개혁이었을지라도 그 시작은 동학농민항쟁에서 요구되었던 개혁의 내용에서 비롯되었음을 부인할 수가 없을 뿐더러 그들이 내세웠던 위정척사爲政斥邪와 보국안민輔國安民의 기치旗幟는 근대 한국민족주의 운동에 있어서 큰 획을 그어준 이념적 기초가 되었다.

역사가 신채호는 묘청의 난을 조선 역사 제일의 사건으로 보았다지만, 조선 역사의 가장 큰 변화를 만들어낸 역사적 사건을 든다면, 오히려 반봉건의 기치를 들고 개벽을 외친 갑오 농민항쟁이 아닐까 생각한다.

18세에 동학에 입도入道해 19세에 소접주가 되어 해주성을 공략했던 백범 김구는 후일 〈백범일지〉에서 '봉건적 신분제도를 부정하고 모든 사람이 평등하다는 동학의 가르침이 더 할 수 없이 고마웠다'라면서 동학의 평등주의야말로 자신이 추구하고자 했던 평생의 이상이었다고 회고했다.

동학농민항쟁 이후 급격한 대내외적인 정세변화와 갑오경장으로 이어지는 일련의 사건들로 말미암아 조선은 일본에 실권을 빼앗기는 안타까운 형국을 맞았지만, 한편으로는 신문물을 받아들이기 위해서는 문호개방이 우선되어야 한다는 자각을 백성들에게 심어주었다.

결과적으로 그렇게 이어진 문호개방을 통해 복음을 수용할 수 있는 토대가 만들어졌다고 하는 점에서 본다면, 혼돈의 역사까지도 복음전파의 기회로 사용 하시는 하나님의 놀라우신 섭리를 만나게 된다.

3. 익산(益山)에 은신(隱身)하고 둥지를 틀다

빠르게 정세政勢가 안정을 되찾아 가기 시작했다. 백낙규는 누님의 중매로 풍양 조씨 처녀 조만자를 만나 혼인을 했다. 26세가 되어서야 했던 결혼이었다. 그 당시로써는 노총각의 늦은 결혼이었다

그리고 익산益山으로 옮겨와 황등黃登에다가 자리를 잡았다. 하필이면 왜 그가 아무런 연고도 없는 황등으로 들어왔는지는 아무도 명쾌히 아는 이가 없다.

백제의 고도 금마, 요교호의 전설

옛적부터 황등에는 요교호腰橋湖라고도 불리는 커다란 호수가 있었다. 미륵산 서북쪽 기슭 금천에서 발원한 시내가 삼기면을 지나 요교호로 모였다. 1872년 제작된 고지도에도 요교호는 삼기산 지척까지 깊숙이 들어와 있음을 보여주고 있다.

부여에서 익산을 오고자 할 때 육로가 아니라 수로를 이용한다면, 배

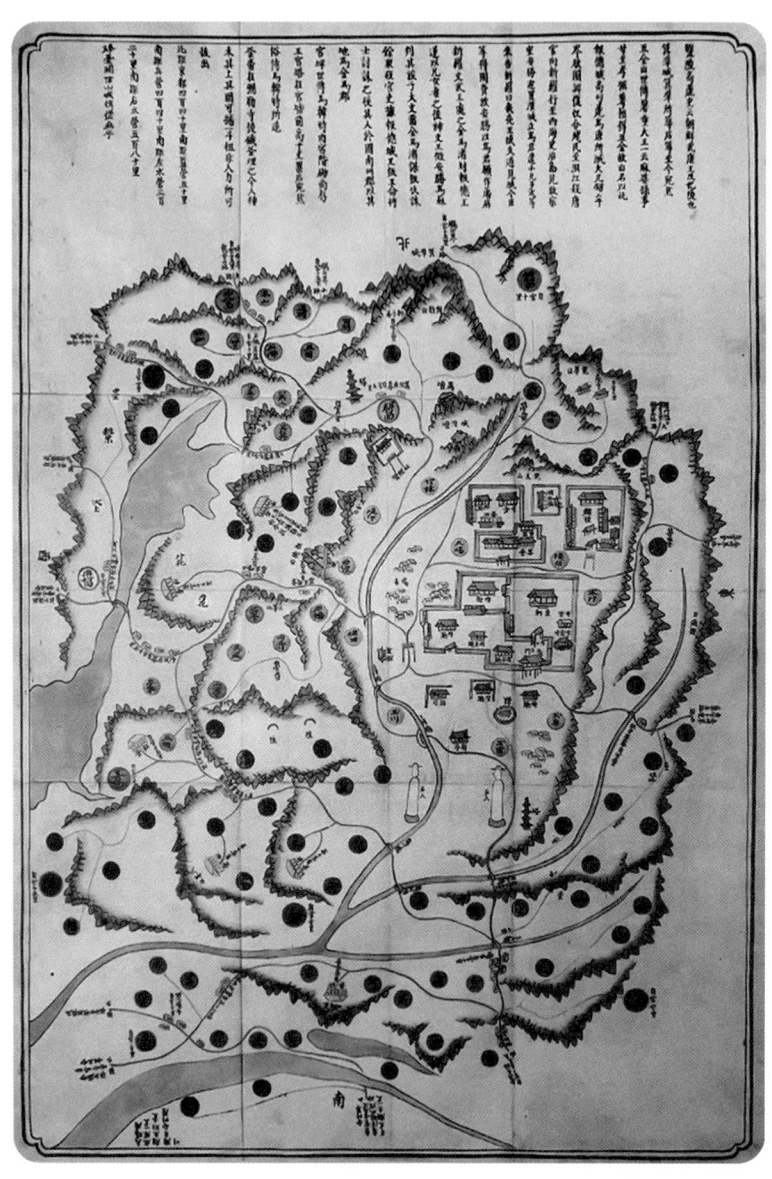

요교호 주변 지도

를 타고 금강으로 내려와 다시 만경강을 통해 요교호로 건너오면 바로 코앞에 미륵사로 연결이 된다.

천도遷都를 계획하던 백제의 무왕이 왜 왕궁과 엄청난 규모의 미륵사를 익산에 세웠을까? 미륵사彌勒寺의 창건 설화를 삼국유사는 이렇게 기록하고 있다.

백제의 무왕이 하루는 부인과 함께 사자사에 가려고
용화산 밑의 큰 못가에 이르니
미륵삼존이 못 가운데서 나타나므로
수레를 멈추고 절을 올렸다.

부인이 왕에게 말했다.

"이곳에 절을 세워야 하겠습니다. 제 소원입니다"

왕이 그것을 허락했다
미륵삼존의 상을 만들고 전과 탑을 세우고
절 이름을 미륵사라 했다.

미륵사와 왕궁을 건축하고 천도를 계획하던 무왕은 물의 확보가 바로 국가의 생존 문제와 직결된다고 판단하고, 도읍지에서 멀지 않은 이곳에 제방을 쌓아 저수지를 만들어 국가 차원에서 통제하고 백제 최대의 곡창지대를 직접 관할하고자 했다
이때 만들어진 저수지가 백제시대부터 식량과 물류를 확보해주던 바로 요교호였고, 물을 막아둔 제방은 후일 황등제黃登堤로 불렸다.

익산의 옛 이름은 금마인데 물가에 있다는 뜻의 금마저金馬渚라고도 불렸던 이유가 바로 요교호 때문이었다. 이곳에 미륵사가 세워지자 용화산은 미륵산으로 불렸고, 이때부터 금마는 미륵신앙의 중심지로 떠오르게 된다.

우리 역사 가운데 미륵신앙만큼 백성들의 마음을 깊이 사로잡은 민간신앙이 있었을까? 미륵신앙 말고 극락정토를 염원하는 백성들의 바람과 맞아떨어지는 민간신앙은 그다지 없었다.

이런 이유에서 미륵사를 창건한 무왕 역시 백성들의 마음을 하나로 묶어 쇠약해진 나라를 중흥시키기 위한 전략으로 미륵신앙을 꼽았다.

오랜 세월 동안 이 땅에 살면서 이상사회를 꿈꿔온 이들에게 있어서는 이 미륵신앙이 때때로 사회를 변혁시켜 보고자 하는 정신적 구심점이기도 했다. 미륵신앙이 갖는 이러한 특징 때문에 가난과 억압으로 시달리던 구한말에 태동했던 수많은 신흥종교 역시 대부분 미륵을 표방하고 나섰다.

그 당시 조선을 휩쓸었던 동학을 그 자체로 미륵신앙이라 말할 수 없지만, 그들이 내세우던 후천개벽의 세상은 우리 민족 가운데 끊임없이 계승되어온 미륵의 출현에 대한 기대를 수용한 것이라 여겨진다.

계동학교의 교가에 '만여리에(의) 최후지에 문명날개는 금마터에~' 구절처럼 마지막 이상세계가 금마에서 시작될 것을 노래하고 있는 것은 그 당시 백성들 사이에 널리 퍼진 미륵신앙에서 얻어낸 아이디어를 가사에 차용借用한 것으로 보인다.

1884년 수배를 받아 쫓기던 해월 최시형이 피신한 곳은 금마에 있는 백제의 고찰 사자암이었다[12]. 미륵산의 중턱에 자리한 이 암자에서 4개월 동안 은신하면서 호남지방 동학포교의 기반을 닦았다.
　이런 이유로 미륵산의 사자암은 후일 천도교의 성지가 되었다고 한다. 이처럼 불교와 동학은 전혀 다른 종교였지만 미륵신앙과 후천개벽이라는 이상세계만큼은 동일한 시각에서 함께 공유하고 있었다.

　우금치 전투에서 패배한 동학도의 남은 일부가 투항을 거부하고 쫓기다가, 고산을 거쳐 대둔산으로 들어가 일본군과 3개월에 걸쳐 마지막 항전을 벌였지만, 결국은 바위 절벽에서 전원 자결하는 것으로 끝이 나고 말았다.
　백낙규는 이미 고산에서 동학도들에게서 떨어져 나와 몸을 숨기며 떠돌다가 교주 해월이 도피했다는 이곳 금마를 은신처로 생각하고, 미륵산이 바라다보이는 황등에 눌러앉은 것으로 여겨진다.

　황등면, 서수면, 임피면 일대의 평야는 수원水源을 요교호에 두고 있어 예로부터 비옥한 수도작水稻作 경지였는데 실학자 유형원은 반계수록磻溪隧錄에 김제 벽골제와 정읍의 눌제, 그리고 황등의 황등제가 있으므로 온 나라의 세수稅收가 유지될 수 있을 것이라 피력했으며, 혹자는 국중삼호國中三湖로 불린 이 저수지들로 인해 호남이란 지명이 유래되었다고도 했다.

---

[12] 해월의 2차 포교가 익산에서 있었을 때 전봉준, 김개남, 손화중, 김덕명, 박치경, 김낙철, 김낙봉 등 농민혁명의 지도자급이 대거 입도했던 인연으로 해월은 익산을 피신처로 생각했다.

호수의 크기로만 보면 그중에서도 요교호가 단연 으뜸이어서 그 둘레만 해도 자그마치 20Km에 달해, 임상마을에서 황등을 가려면 배를 타고 다녔다고 한다. 인근에 백길白㐦(뱃길), 섬말(섬마을) 같은 지명이 지금도 남아있고, 도선渡船 마을은 이름에서 보듯 선착장이었을 것으로 추정되고 있다.

　만경강 제방을 쌓기 전에는 황등면은 물론 삼기면까지 만경강의 조수의 영향을 받아 습지가 많았고, 요교호 주변에서는 예부터 토탄土炭[13]이 많이 생산되었다.

　그러나 아무리 큰 저수지라 할지라도 개보수改補修는 물론 관리마저 제대로 하지 않고 오랜 세월 동안 버려둬 토사의 매몰이 가속화되자, 저수지로서 모습을 점차 상실하면서 습지처럼 되고 말았다.

　을사늑약乙巳勒約이 체결되고 이 지역에 들어오기 시작한 일본인들은 이 점을 눈여겨보았다. 산미증식계획産米增殖計劃[14]의 달성을 목표로 경작지 확장에 큰 관심을 보이던 일본은 1909년 이 지역에 수리조합을 설치하고, 간척사업을 핑계 삼아 제방을 쌓고 습지였던 요교호의 물을 빼내 경작지로 만들어 헐값에 일본인 농장주들에게 넘겼다.

　1937년 수리조합에서 만든 간척지 평면도가 그나마 남아있어 그것을 여실히 보여주고 있다. 요교호는 점차 논으로 탈바꿈이 되어 가면서 아예 사라지고 말았다.

---

13) 땅속에 묻힌 시간이 오래되지 아니하여 완전히 탄화하지 못한 석탄. 식물이 습한 땅에 쌓이어 분해된 것으로, 광택이 없고 검은 갈색을 띠며 발열량이 적다.
14) 일제가 농민들의 많은 이동으로 극심한 식량난에 시달리자 식량 문제를 해결하기 위해 조선을 일본의 식량 공급지로 만들어 쌀을 증산하기 위해 실시한 정책이다.

임익수리조합 간척지 평면도[15]

---

15) 실선으로 그려진 평면도 자체가 물이 빠진 저수지 도면이다.

황등의 유래

요교호에서 서쪽 편으로 보이는 커다란 화강암의 석산石山을 예로부터 '한댕이' 혹은 '한등'이라 불렀는데, 일본강점기 시절 우리말 지명을 모조리 한자로 바꾸면서 석산 주변을 황등黃登으로 표기했다고 한다.

크고 웅장한 화강암 석산은 전국 최고의 품질을 자랑하는 황등석의 생산지로 이름을 날렸다.

60년대 초반 군산에서 초등학교를 다녔던 필자가 여름방학이 되면 할머니가 계시는 황등에 가서 방학을 지내고 왔던 기억이 새롭다. 군산에서 기차를 타고 이리역에서 내려 호남선 완행 상행열차를 타고 만나는 첫 정거장이 황등이었다.

간이역 비슷한 시골 역사驛舍에 내리면 돌을 쪼아내는 석수石手들의 망치 소리가 날카로운 파편이 되어 귓전을 때리곤 했다. 간이 역사를 통과하면 먼지 나는 황톳길 바닥에 쪼아낸 돌들이 어지럽게 널려 있었고, 낮술에 취해 불그레한 얼굴을 한 사내들이 왁자지껄 떠들어 대며 군데군데 모여 있었다.

돌가루 먼지로 얼룩진 남루한 옷을 걸친 그들 곁을 스쳐 지나기라도 하면, 땀에 배인 술 냄새가 묘한 여운으로 코끝에 맴돌곤 했다. 백제 시대 최고의 석장石匠 아사달이 웅장한 미륵사지 석탑을 세우던 시절부터 단단한 화강암을 떡 반죽 주무르듯 빚어내는 석공예의 달인들이 이곳에 즐비했다.

최근까지도 황등은 석재산업이 호황을 누렸고, 능숙한 석수들이 전국으로 불려 다니는 석수장이의 양성소 같은 곳이었다.

　1910년 한일합방이 되고 그해 호남선 철도 개설에 대한 논의가 시작되자, 군산의 일본인 농장 오오쿠라大倉의 군산 경유 노선과 전주의 이와사키岩崎의 전주 경유 노선의 대결은 치열했다.
　그러나 전주의 유림들이 들고일어나 전주 경유를 극력히 반대하자, 통감부에서는 전주도 군산도 아닌 이리 노선을 확정하였다. 이 때문에 작은 마을 솜리(후에 이리)가 어부지리漁父之利로 철도교통의 중심지로 부상하게 되고 호남선이 황등을 지나게 되었다.

　백낙규가 황등에 자리를 잡자 효성이 지극했던 그는 먼저 고향에서 노모를 모셔와 보살피며 부지런히 가세를 추슬러 나갔다.
　조랑말에 포목을 싣고 솜리, 함열, 김제, 임피, 삼례 등 멀리는 군산의 서래장까지도 돌았다. 호남선이 개통되면서 황등에 역사驛舍가 생기고 면 소재지로 승격이 되자, 금강 변 웅포 등지에서 생선, 젓갈, 소금 등이 유입되고 우시장과 망건시장도 형성되어 황등장은 그런대로 시골장 치고는 제법 활기가 있었다.
　백낙규는 조랑말에 포목을 싣고 장터를 옮겨 다니는 보부상이 아니라, 면 소재지 황등에 가게를 차려 포목점을 냈다.

제2장 동학과 백낙규　73

제 3 장

군산선교부와 초기선교

1. 수탈의 애환이 서린 군산

군산의 개항과 침탈의 시작

1899년 5월 군산이 개항되었다. 옥구, 익산 그리고 김제를 배후로 하는 군산은 호남평야의 관문이었다. 이 3개 군을 포함한 호남평야의 미작 경지 비율은 전국 평균이 37%인데 반해, 거의 두 배에 가까운 72%에 이를 정도로 일망천리─望千里 지평선이 보이는 드넓은 평야 지대로 전국 최대의 미곡 생산지였다.

삼한 시대에 축조된 김제 벽골제碧骨堤는 '벼의 고을'에서 '볏고을', '볏골'로 변천되고, 음을 따라 한자로 표기한 지명 벽골碧骨에서 유래되었다고 하니 말 그대로 벼농사의 고장이었다. 일제는 처음부터 호남평야를 식량 생산기지로 눈여겨보고 있었다.

동학 농민항쟁의 아픈 역사가 가시기도 전에 이 지역에 들어오기 시작한 일본인들은 1906년에 통감부가 수리조합 조례를 공표하자, 앞을 다투어 지목변경地目變更이 가능한 토지와 황무지를 헐값으로 사들여 수리조합을 설립하고 경작지로 변경해갔다. 1920년대 산미증식계획產米增殖計劃의 요체로 등장한 수리조합이 식민지 지주제 구축의 방편이 되자 일본인들의 토지 수탈은 점점 노골화되어 갔다.

군산 인근에는 이미 미야자키宮崎 농장, 구마모토熊本 농장, 시마타니嶋谷 농장 등이 세워져 있었고, 익산의 호소카와細川 농장, 오하시大橋 농장, 김제의 이시카와石川 농장, 하시모토橋本 농장과 같은 대농장들이 속속 세워지고 있었다.

당시 조선의 지가地價는 일본의 십 분의 일밖에 되지 않아 해를 거듭할수록 호남평야 대부분 땅이 일본인 지주들의 손에 넘어가고 있었다.

값싼 노동력으로 품질 좋은 쌀을 생산하는 이 지역의 비중이 날로 커지자, 일제는 운송과 반출을 손쉽게 할 목적으로 이 지역에 대단위 토목공사를 진행했다.

1908년 군산과 전주를 잇는 신작로를 건설하고 곧이어 전주-군산 간 철도도 개통했다. 일본인이 소유한 대농장을 지나도록 노선을 계획하고 역사驛舍 역시 농장주들의 이익을 극대화할 수 있는 위치에 두었다.

군산에서 제일 가까운 구마모토熊本 농장 같은 경우는 경지면적이 1천만 평에 소작농만 3천여 명이고, 이들 가족까지 합하면 2만여 명이 넘을뿐더러 농장의 사무직원만 해도 50여 명이 넘었다고 하니까, 농장의 규모가 얼마나 컸는지를 미루어 짐작해 볼 수 있다. 군산 인근의 개정開井역은 순전히 이 농장의 쌀만을 실어내기 위해서 만들어진 역이었다.

가을이 되어 추수가 끝난 후 서너 달 동안은 볏섬을 가득 실은 달구지 행렬이 신작로에 이삼십 리씩 꼬리를 물었다. 군산선의 개통으로 화물열차까지 가세하자 일본인들은 편리한 운송망을 따라 내륙 깊숙한 곳까지 진출하여 농지를 점유하고, 수확한 쌀을 항구 근처의 창고와 정미소를 거쳐 일본으로 반출해 갔다.

전군도로全群道路[1)]는 철두철미 수탈의 길이었던 셈이다. 군산항에서 실어내던 쌀이 정점을 찍었던 1934년에는 한해에만 200만 석이 넘을 정도였다.

서구 제국주의 국가들이 차와 면화를 인도에, 커피를 브라질에, 향료를 동남아에 이식시켜 착취해왔던 플랜테이션 농업형태를 고스란히 조선의 미작 농업에 적용했다. 토지와 소작은 조선인이, 판매와 유통은 일본인이 하는 전형적 식민지 농업형태였다.

유럽의 동인도회사를 그대로 흉내 내 동양척식회사東洋拓殖會社를 설립하고, 식민지 경제 수탈을 교묘하게 전담시켰다.

쌀농사로 현물시장이 형성되자 군산은 전국의 어느 지역과도 다르게 차별화된 독특한 경제블록을 이루었다. 이곳에서 생산된 쌀의 소비지가 일본이다 보니 매일같이 오사카에서 결정되는 미두米豆 시세가 지역 경제에 커다란 영향을 주었다.

---

1) 일본이 호남평야의 쌀을 반출할 목적으로 전주와 군산 46.4km의 구간에 건설한 국내 최초의 신작로.

현물시장의 민감한 가격등락에 따라 그 시세차액을 노리며 투자하는 쌀 투기[2]가 늘어나더니 나중에는 점점 도박으로 변해가기 시작했다.

도박으로 변한 쌀 투기는 미두꾼이라는 신조어까지 만들어내면서 사회적 부작용들을 노출하기 시작했다. 현물 없이 쌀 투기를 일삼는 도박에 손을 댔다가 토지가 고스란히 은행의 신탁관리로 넘어가거나, 빚을 갚지 못해 패가망신하는 자들이 속출하면서 조선인 지주들의 몰락을 더욱 촉진했다.

이 고장의 소설가 채만식은 그의 소설 '탁류'濁流에서 미두에 몰두했다가 망해가는 지주의 이야기를 쓰면서, 일제의 수탈 과정에서 빚어지는 안타까운 식민지 현실을 고발하고 있다.

쌀의 반출과 유통을 원활히 하기 위해 이루어진 도시계획으로 무분별하게 산허리가 잘려 길이 나고, 조계지에서 외항으로 나가는 터널이 뚫리기도 했다. 초기 군산선교부가 있던 해안가 수덕산 봉우리가 없어진 것도 이때였다.

내항으로 흘러드는 물줄기를 매립하고 대대적인 항만축대공사를 벌려 부두의 정박시설을 크게 확충하는 한편, 대형 정미소들이 즐비한 군산역에서부터 선착장까지 철도를 연결하고 내항에는 부잔교浮棧橋[3]까지 설

---

2) 현실의 미곡 거래를 목적으로 하는 것이 아니라, 미곡 시세의 등락을 이용해 약속으로만 매매하는 투기행위를 미두라 하고, 미두에 종사하는 사람을 미두꾼이라 불렀으며, 그들이 모여서 미두 거래를 하는 장소를 미두장이라 했다.
3) 潮汐 고저의 차이가 심한 곳에서 潮位에 관계없이 선박을 댈 수 있도록, 부함(pontoon)을 1개 또는 여러 개 연결하여 부두 기능을 갖도록 한 시설

치했다. 쌀의 항구, 군산은 이렇게 급속히 확장되어 갔다.

소작농이 급증하다

일제 통치 10년 만에 곳곳의 전답들이 일본인 지주들의 손에 넘어가면서 이 지역은 식량 생산의 전초 기지로 급속하게 탈바꿈되어갔다. 일제는 지금까지의 관습상 세습되던 경작권마저 인정하지 않고, 소작 기간마저 일방적으로 단축해 버리자 농민들은 막대한 타격을 입었으며, 그 결과 이 지역 농가의 8할 이상이 소작농으로 전락하고 말았다.

거기에 한술 더 떠 농사를 개량한다는 명분을 내세워, 소작에서마저 조선인을 배제하고 그 자리를 일본인으로 대체해 나가기 시작했다

농지를 잃고 벼랑 끝까지 내몰려 생존에 위협을 느끼자 고향을 떠나 간도로 이주하는 농민들의 수효가 해마다 급증하였다.

조정래는 그의 대하소설 〈아리랑〉에서 일제의 잔혹한 수탈로 무너져 내린 이 지역의 농민들이 만주와 연해주, 하와이 등지로 흩어져가는 안타까운 이야기들을 적나라하게 그리고 있다.

농민의 처지에서 보면 착취와 수탈의 주체가 과거의 탐관오리에서 일본인으로만 바뀌었을 뿐 그들의 삶은 조금도 나아지지 않고 오히려 더 악화가 되었다

태평양 전쟁이 한창일 때는 공출이라는 명목으로 한 톨의 쌀까지도

다 빼앗기고, 그 대신 만주에서 날라온 콩깻묵으로 허기진 배를 겨우 채우고 살아야 했다.

옥구 농민 소작쟁의

당시 옥구에는 앞에서 언급한 구마모토熊本 농장을 비롯한 시마타니嶋谷 농장과 이엽사二葉社 농장 등 대규모 일본인 농장이 밀집되어 있었다. 이엽사二葉社는 전주의 삼례농장, 익산의 황등 농장, 옥구의 서수 농장 등 세 곳에 3백 6십만 평의 농지를 소유하고 약 1700명의 조선인 소작인을 두고 있었으며, 수단과 방법을 가리지 않은 잔혹한 소작방식으로 악명을 떨쳤다.

그 당시 전국 평균 소작료가 45% 정도였는데 반하여 이엽사는 75%라는 살인적인 소작료를 현물로 낼 것을 요구하자, 터무니없는 횡포에 견딜 수 없었던 농민들은 소작료 불납을 결의하고, 1927년 11월 25일 소작쟁의小作爭議를 시작했다.

영락없는 고부 군수 조병갑의 수탈에 맞섰던 농민들의 형편과 많이 닮아있었다.

백낙규가 처음 기도공동체를 세웠던 서수면의 농민들이 쟁의에 참여했다가 80여 명이 체포되고 34명이 유죄판결을 받았다

동련교회 시작부터 백낙규와 함께했던 매서인 송군선의 집안의 청년들도 붙들려가 고초를 당했다는 소식에 과거가 되어 버린 동학농민항쟁

의 기억이 환각처럼 뇌리를 스쳐 지나갔다.

식민지 하부구조로 전락하다

일본인들은 호남평야에서 거둬들인 엄청난 양의 쌀을 반출해 가는 대신, 마치 은혜를 베풀 듯 값싼 생필품들을 뿌려댔다.

상인들은 몰락하고 조선의 경제는 밑바닥에서부터 허물어지면서 식민지 소비경제로 빠르게 재편이 되어갔다.

조계지를 중심으로 도로가 정비되고 일본식 주택과 상점들이 줄지어 세워지고 도심에는 세관과 은행, 수리조합, 농지회사[4]들이 들어서기 시작하더니 나중에는 일본식 사찰까지 들어와 자리를 잡고 있었다.

겉보기에는 활발한 성장을 하는 것처럼 보였지만, 일본인들이 거주하는 조계지 밖의 조선인들과는 전혀 관계가 없이 군산은 단순히 조계지의 하부구조下部構造로서 역할과 기능을 갖는 도시로 변해가고 있었다.

식민지 지주제가 강화되면서 농토를 상실하고 생계가 막연한 소작인들이 개항한 군산으로 몰려들었다. 터전을 잃은 주민들은 대부분 정미업, 양조업 등과 관련된 일자리에서 매가리공[5], 미선공米選工, 지게꾼 등

---

4) 일제가 조선 농민의 토지를 약탈하기 위하여 설립한 회사로 조선총독부로부터 대규모의 토지를 불하받아 대지주가 된 동양척식회사가 대표적이었다. 호남평야의 경우 전 경작지의 25%를 농지회사들이 차지할 정도였다.
5) 쌀을 가마니에 넣어 운반하는 일을 하던 노동자. 도정한 쌀과 불순물을 가려내는 노동자는 미선공이라 불렀다.

으로 막노동을 하거나 군산항으로 운반되어온 쌀을 하역荷役하며 겨우 연명해야 하는 하루살이 인생들이었다.

이들 대부분은 산비탈이나 저지대에 무허가 판자촌을 세워 거주했는데 상하수도 시설이 전혀 되어있지 않아 골목마다 오물과 쓰레기가 넘쳐 코를 들지 못할 정도였다고 그 당시 신문들은 이 지역의 생활상을 기록하고 있다.[6]

이처럼 터전을 잃고 처절하게 무너진 채 가난에 내몰린 농민들이 밀려들고 있었지만 속수무책이었다.

군산은 개항이라는 허울 좋은 이름으로 전국에 다른 어느 도시보다도 교활하고 지능적인 식민지배를 가혹하게 겪고 있었다.

---

6) 동아일보 1936년 8월 20일 지방논단

2. 선교사역의 시작과 활동

선교사들의 정착

군산시 금동에 가면 수덕공원이 있다. 원래 그 자리에는 나지막한 수덕산이 있었으나, 일제 강점기 군산항 축항공사 때 산을 잘라내고 깎아내 원래의 모습이 사라지고, 지금은 작은 언덕이 되고 말았다.

바로 이 수덕산 기슭에서 미국 남장로교의 호남선교가 시작되었기 때문에 최근 들어 이 지역 교계에서는 힘을 모아 이곳에서 헌신했던 전킨 William M. Junkin/전위렴과 드루 A. Damer Drew/유대모 선교사의 기념비를 세우고 그들을 기념하고 있다고 한다.

초기 개척 선교사들이 들어오던 시절, 군산은 육로 교통이 너무도 불편해서 크게 주목을 받지 못하는 곳이었다. 1896년 당시의 군산은 약 100여 채 정도의 초가집만 있었던 한적한 포구였다.

전주 선교부 소속의 초기 선교사로 기전여학교에서 사역을 했던 유애나Anabel M. Nisbet[7]는 〈Day in and Day Out in Korea〉[8]에서 당시 군산의 상황을 다음과 같이 썼다.

"군산은 제물포로부터 120마일, 전주로부터 35마일 떨어져 있는 금강 하구에 자리 잡고 있다. 1896년 군산은 부두나 우체국 그리고 전보를 칠 수 있는 시설을 갖추지 못하고 있었고, 그 거리는 좁고 구불구불하며 더러웠다. 당시 한국의 유일한 교환수단은 가운데 구멍이 뚫린 오래된 엽전이었다. 10센트 정도의 돈이 되려면 이것 100개가 필요하였다. 20달러 정도가 되면 짐꾼이 져야 할 정도였다. 쌀이나 닭고기, 달걀 등은 5일마다 열리는 장에서 살 수 있었지만, 다른 물품들은 샌프란시스코로부터 조달되었다. 그것들이 제물포에서 세관을 거쳐 기선을 통해 군산으로 오기까지 선교사들은 한없이 기다려야 했다."

1894년 3월 호남 선교의 개척자 레이놀즈W. B. Reynolds/이눌서와 드루A. Damer Drew가 배를 타고 군산에 도착해서 잠깐 사역을 했으나, 동학 농민항쟁이 발발하자 선교부에서는 선교사들의 신변 보호를 위해 서울로 철수시켰다. 다시 그 이듬해 전킨과 드루 선교사가 가족들과 함께 제물포에서 범선을 타고 200여 Km의 해안을 항해한 끝에 가까스로 군산에 도착한 것은 열 하루만이었다.

그해 초봄은 유난히 춥고 바람이 많아 항해하는 내내 안개와 비로 항

---

7) 1906년 남편 John S. Nisbet과 함께 내한, 전주 기전여학교와 목포 정명여학교에서 가르쳤다.
8) Anabel M. Nisbet, "Day in and Day Out in Korea", Prinston Theological Seminary Internet Archive, pp.26-27

해에 어려움을 겪었다.

1896년 전킨과 드루는 선착장 근처 수덕산 기슭에 50달러를 주고 집을 매입하면서 군산에 선교 둥지를 틀었다. 한산한 포구였음에도 불구하고 주민들은 처음 보는 벽안碧眼의 선교사들을 진심으로 환영했다.

전킨과 드루 선교사에게 군산에서의 처음 3년은 견디기 어려운 시련의 연속이었다. 언어훈련을 위해 머물렀던 서울에 비해 군산은 훨씬 더 열악했다.
먼지투성이의 좁은 길바닥에 널려 있는 오물과 거리 곳곳에 쌓여 있는 쓰레기와 먼지. 여름철에는 높은 습도에다가 파리와 모기까지 기승을 부려 잠을 이루지 못하는 날이 허다했다.
군산의 겨울은 바다에서 불어오는 해풍 때문에 생각보다 훨씬 추웠고 유난히 눈도 많이 내렸다.
그러나 정작 선교사들이 견디기 어려워한 것은 마실 수 있는 깨끗한 물이 부족해서, 어린 자녀들이 하루가 멀다고 잦은 배탈과 설사로 어려움을 호소할 때였다.

어려움을 잠시나마 잊게 하는 유일한 위로는 미국에서 보내오는 가족들의 편지와 선교물자가 배에 실려 군산에 들어올 때였다.
행여라도 날씨가 좋지 않아 제물포에서 오는 배들이 결항하기라도 하면, 생필품이 떨어진 두 선교사와 그 가족들은 발을 동동 구르며 손꼽아 배를 기다리기도 했다.

군산 선교의 아버지 전킨/전위렴William M. Junkin

선교 스테이션을 조성하다

고립무원孤立無援한 상황에서도 전킨은 수덕산 기슭에 있던 초가집에서 매 주일 사람을 모아 성경공부를 하고 예배를 드리며 드루는 진료를 시작했다. 주중에 드루가 환자들을 돌보면 전킨은 전도지를 나눠주며 복음을 전했다.

1899년 군산이 개항되고 1905년 러일전쟁에서조차 일본이 승리를 거두자, 일본인들의 진출이 눈에 띄게 늘어나면서 일본인 거류지가 형성되기 시작했다.

선교부가 위치한 수덕산 지역까지 일본인 조계지가 확대되자, 선교부는 조계지 밖으로 이전을 계획하고 서래마을 경포천 동쪽에 약 3만여 평의 대지를 매입했다.

연이어 교회를 비롯해 남녀 학교와 병원 그리고 선교사 사택을 차례대로 건축하고, 본격적인 스테이션 체제를 갖추게 되자 군산 선교는 점차 활기를 띠어가기 시작했다.

전도선 선교

지도를 놓고 군산을 찾아보면 충청도와 전라도의 경계를 나누며 굽이치는 금강이 서해로 유입되면서 고군산열도와 만나고 있고, 좀 더 아래쪽으로는 옥구와 김제를 가르는 만경강과 그리고 김제와 부안을 가르는 동진강이 지평선과 만나 소실점消失點을 이루며 넓디넓은 벌판을 달려와 서해로 흘러들고 있다.

이 강들이 흐르는 유역에 바로 이곳 사람들이 '징게맹갱 외에밋들'(김제 만경 너른 들)이라 부르는 비옥한 곡창 호남평야가 자리하고 있다.

육로 교통수단이 거의 없던 시절이라 선교사들은 말을 타고 나가기도 했지만 넓은 들판을 가로지르는 논길들은 차라리 길이라기보다 논을 나누는 일종의 경계였다.

우기에 비가 내리거나 겨울철에 내린 눈이 녹기라도 하면 마치 좁고 구불거리는 황톳길은 금방 진흙 수렁처럼 변해버리기 일쑤여서 익숙하지 않은 선교사들에게 육로로 순회한다는 것은 쉬운 일이 아니었다.

배를 타고 군산에 부임했던 전킨과 드루가 처음부터 선착장船着場 근처에 자리를 잡은 것은 제물포에서 배편으로 부쳐오는 선교물자가 서해안을 따라 군산으로 들어오는 수로水路의 용이함 때문이기도 했지만, 순회사역 역시 불편한 육로보다는 배를 타고 강을 따라 전도하는 것이 훨씬 더 효과적일 것으로 판단했기 때문이었다.

선교부에서는 한선韓船[9])으로 불리는 전도선을 한 척 구입했다. 돛이 달린 배였는데 배 밑바닥이 납작해서 수심이 낮은 강에서도 쉽게 다닐 수

---

9) 우리 고유의 선박인 한선은 중국이나 일본의 첨저형 선박과 달리 밑면이 평편한 평저선으로 조수간만의 차가 큰 서해안에서 운용하기에 적합했다.

있을 뿐 아니라 조수간만의 차가 심한 서해 연안과 하구에서도 이동하기에 아주 적합한 배였다.

전킨과 드루는 스테이션에서 일하는 것 외에도 이 전도선을 타고 금강과 만경강, 동진강을 오르내리며 복음을 전하고 환자들을 진료했다. 선교사들이 무료로 치료해 준다는 소문이 입에서 입으로 삽시간에 퍼져나가자 뱃길이 닿는 지역의 가난한 농민들은 선교사들의 순회방문에 열광했다. 전도선 선교는 기대 이상의 좋은 결과를 가져다주었다.

뱃길을 따라 순회하며 복음 전도와 함께 진료를 펼치면서 전도선이 닿는 마을마다 교회를 세워가기 시작했다. 구암교회에서 가까운 궁말 선착장을 출발해서 만경강을 따라 만자산교회(지경교회), 남차문교회(남전교회), 송지동 교회(김제)가 세워졌고, 동진강을 따라서는 봉월교회(김제), 대창교회(김제) 등이 전도선 선교로 세워진 교회들이었다.

수로를 따라 순회하면서 옥구, 익산, 김제와 충남의 서천과 부여는 자연스럽게 군산선교부의 관할이 되어갔다.

3. 시련을 딛고 자리를 잡다

드루 박사의 귀국

모든 것이 생소했던 이곳에서 수년 동안 쉼 없이 사역을 강행했던 의료 선교사 드루 박사가 사역을 수행할 수 없을 정도로 쇠약해지고 있었다. 자신은 끝까지 조선에 머물며 사역을 지속하겠다고 고집했지만, 1901년 더 이상 미룰 수 없다고 판단한 선교부는 그를 권면해 미국에서 치료를 받을 수 있도록 송환시켰다.

미국에 건너간 그는 오랫동안 병마와 싸웠으나 다시 조선으로 돌아올 수 있을 만큼 회복되지 못하고, 안타깝게도 1924년 부인과 4명의 자녀를 남기고 하나님의 부르심을 받았다.

전킨의 사역과 그의 죽음

귀국하는 드루 선교사를 바라보며 전킨과 메리의 마음은 걷잡을 수 없을 만치 착잡했다. 지난 6년 동안 고락을 같이하며 한 가족과 같이 지내던 동료 선교사가 미국으로 돌아가자, 그와 함께했던 지난 일들이 주마등처럼 머릿속을 스치며 지나갔다.

이미 전킨은 1894년에 큰아들 조지와 1899년에 셋째 아들 시드니까지 잃었던 터라, 드루 가족의 귀국은 그를 더욱 힘들게 했다. 그럼에도 불구하고 전킨 선교사 내외는 이별의 슬픔과 외로움을 끝까지 이겨내고 사역에 온 힘을 쏟았다

선교부에는 전킨이 시작한 영명학교와 메리 레이번이 그의 안방에서 시작한 군산여학교가 자리를 자리를 잡아가면서 전킨은 영명학교에 야구부(1902)를 조직해 지도하기도 했다.

이때까지 전혀 들어보지도 못한 생소한 공놀이였지만 양편으로 나뉜 학생들이 던지고, 치고, 달리는 야구경기가 영명학교 운동장에서 펼쳐질 때면, 궁말 일대의 주민들은 축제를 맞은 듯 남녀노소 할 것 없이 모두 나와 처음 보는 서양의 놀이를 구경하며 즐거워했다.

그 당시 영명학교 야구부의 선두타자로 활약한 양기준은 구암교회 초대 장로인 양응칠 장로의 장남으로 한국 최초의 야구인이었다.

그 후 1923년 하와이 교포 학생야구팀이 본국을 방문했을 때에도 군산까지 내려와 영명학교 야구부와 경기를 할 정도였으니까 군산 야구의 역사는 꽤나 깊은 셈이다. 군산상고가 야구의 명문으로 돌풍을 일으켰던 것은 우연이 아니고 이미 이 지역에 오래전에 선교사들이 뿌려놓은 씨앗의 결실이었다.

전킨이 조직한 영명학교 야구단이 1905년 선교사 필립 질레트Phillip L. Gillette가 조직했다는 황성 YMCA 야구단보다도 3년이나 앞서 있음에도, 여전히 야구사는 황성 YMCA 야구단을 최초라고 기록하고 있는 점은 반드시 수정되어야 할 오류라고 생각이 된다.

드루 박사가 미국으로 돌아간 뒤 전킨은 생후 20일이 채 되지 않은 아들 프란시스를 또 잃었다 첫째 조지와 셋째 시드니에 이어 프란시스까지 세 아들 모두 포구가 바라다보이는 산기슭에 묻었다. 세 아들을 잃고 나서 심한 우울증과 이질로 시달리던 전킨 자신도 쇠약해지면서 건강이 악화되고 있었다.

보다 못한 선교부에서는 그에게 전주로 자리를 옮겨 쉬도록 했으나, 오히려 그는 전주에 부임해서도 몸을 돌보지 않고 고아원을 설립해 사역을 지속했다. 1907년 그해 겨울은 유난히도 추웠다.

허약해진 몸으로 밀려오는 연말 행사와 사역을 감당하느라 지쳐있었던 데다 갑자기 찾아온 폐렴까지 겹치자, 손써볼 여지조차 전혀 없이 이듬해인 1908년 정월 초이틀 43세의 젊은 나이에 주님의 부름을 받았다.

선교 초창기 10여 년 동안 이 지역에서 사역했던 초기선교사들이 겪은 고충과 어려움은 말로 형용하기가 어려울 정도였다.

후에 선교부에서는 전킨(William M. Junkin) 선교사 일가족의 유해를 전주 선교사 묘지로 옮기면서 전주에 세운 여학교를 기전여학교[10]라 개

---

10) 전킨을 기념한다는 뜻을 담아 紀全女學校로 교명을 바꿨다.

칭해 그의 공적을 기념하고, 그를 '군산 선교의 아버지'로 불러 경의를 표하고 있다.

데이비스의 죽음과 하위렴의 합류

군산 선교부에서 빼놓을 수 없는 선교사 중의 한 사람이 하위렴William B. Harrison 선교사이다. 1866년 켄터키주 레바논에서 태어난 그는 켄터키 리치먼드에 소재한 센트럴 대학 화학과에 재학하던 당시, 대학가를 휩쓸던 '해외선교학생자원운동'SVM[11]에 큰 영향을 받고 유니온신학교에 입학했다.

졸업 후 1894년 목사 안수를 받고 다시 루이빌 의대에서 1년 과정의 단기 의료훈련을 이수한 것을 보면, 이미 그때부터 선교사로서 자신만의 구체적인 사역을 계획하고 준비한 것으로 보인다.

그는 7인의 선발대가 파송되고 4년 후인 1896년 내한했다. 서울에서 언어훈련을 마친 뒤에 곧바로 전주에 부임해 진료소를 차리고 사역을 시작했다.

마침 군산선교부에서 활동하던 리니 데이비스Linnie Davis를 자연스럽게 만나 교제하다가, 1898년 이 두 사람은 동료 선교사들의 축복 속에 결

---

11) SVM(The Student Volunteer Movement for Foreign Missions), 1886년 미국 매사추세츠 노스필드(Northfield, MA)에서 미국의 대학생들에게 복음과 선교에 대한 도전을 주기 위하여 피어선 박사(Arthur T. Pierson)가 드와이트 무디(Dwight L. Moody) 목사와 함께 설립한 학생 선교 운동 단체이다.

혼식을 올렸다.

그들은 조선에서 만난 선교사 부부 1호로 숱한 화제를 뿌렸다. 그 후 데이비스는 군산을 떠나 남편 하위렴 선교사가 있는 전주로 옮겨왔다.

리니 데이비스 Linnie Davis**와 하위렴**William B. Harrison

같은 해, 의료선교사 잉골드Mattie B. Ingold가 전주선교부에 부임하자 하위렴은 그녀에게 의료사역을 인계하고 원래 자신의 복음사역으로 되돌아왔다.

그때부터 그는 데이비스와 함께 5일마다 열리는 장터를 찾아다니며 전도를 시작해 서문교회를 크게 부흥시켰으며, 선교부 연례회의가 열릴 때마다 교육 선교의 중요성을 강조해 전주선교부 안에 학교가 설립될 수 있도록 기폭제 역할을 하기도 했다.

그는 데이비스와 함께 학생들을 모아 가르치면서 1901년 8명의 학생으로 신흥학교를 시작했다.

전주 선교가 점차 자리를 잡아가려 할 즈음, 1903년 여름 데이비스가 갑작스레 사망하고 말았다. 순회전도 중 감염된 발진티푸스가 원인이었다. 결혼 5년 차인 그녀는 겨우 나이 41세였다.

데이비스의 사망은 하위렴 자신은 물론 동료 선교사들까지도 큰 충격에 빠뜨렸다. 선교부에서는 충격과 슬픔으로 탈진해 버린 하위렴을 중국선교부에 보내 잠시 쉬도록 조치했다.

선교부에서는 얼마 후 다시 전주로 복귀한 하위렴과 마침 건강이 악화된 군산선교부 전킨의 사역지를 서로 교환시켜 선교부의 활력을 되찾고자 했다.

이렇게 하위렴 선교사가 군산선교부에 부임한 때가 1904년이었다. 그는 상처喪妻의 아픔을 뒤로하고 구암교회 사역과 영명학교 운영을 맡았으며, 순회사역에도 혼신渾身의 힘을 쏟았다.

그 당시 선교부 연례회의에 보고된 통계가 보여주듯 1906년에는 19명에게 세례와 102명에게 학습을 주었고, 1907년에는 108명에게 세례와 236명에게 학습을 각각 주었을 뿐 아니라, 교회설립 역시 1903년 8개에서 1906년에는 11개, 1907년에는 15개, 1908년에는 30개로 크게 증가하고 있는 것을 보면 그가 얼마나 순회사역에 매진했는지를 짐작해 볼 수 있다[12].

---

12) Report to the 15th annual meeting of the Southern Presbyterian Mission in Korea(1906), pp.14-15
Report to the 16th annual meeting of the Southern Presbyterian Mission in Korea(1907), pp.22-23
Report to the 17th annual meeting of the Southern Presbyterian Mission in Korea(1908), pp.19

하위렴 선교사가 두 번째 안식년을 맞아 미국으로 건너간 것은 1908년이었다. 사별의 아픔으로 힘겨워하던 그는 이미 한국에서 만난 에드먼즈Margaret J. Edmunds와 캐나다에서 결혼식을 올렸다. 간호사이며 남감리교 선교사였던 그녀는 1903년에 내한해 간호사 양성을 위한 사역을 하고 있었다.

1909년 안식년을 마치고 한국에 돌아온 하위렴 부부는 군산이 아니라 마침 선교사가 비어있는 목포선교부에 부임했다. 곧바로 양동교회와 영흥학교를 맡아 사역하는 동안(1909-1912) 그때까지 아무도 엄두를 내지 못했던 스테이션 조성공사를 실질적으로 완성해, 목포선교의 이정표를 새롭게 세웠다.

1915년 그가 다시 군산선교부로 복귀하면서 이번에는 소속 선교사들과 함께 선교부 관할 지역을 3개 시찰로 조정해 사역을 분담했다.
그는 자신의 구역인 군산 동부시찰[13]을 순회하면서 정기적으로 열리는 시골 장터를 돌며 전도했는데 이때부터 그는 '장터선교의 개척자'로 불렸다.

---

13) '조선예수교장로회전북노회' 제12회 회의록, 1923.1.23. pp.35-36
하위렴이 담당한 동부구역 소속교회는 다음과 같다.
- 옥구군: 서혜면 서혜리(이자연 집사) / 나포면 서포리(김종학 집사)
- 익산군: 용안면 송산리(한수영 집사) / 웅포면 대붕암리(강두희 영수) / 웅포면 웅포리(황재삼 목사) / 성당면 부곡리(최상식 영수) / 함라면 함열리(이내겸 집사) / 황등면 용산리(박공업 장로) / 오산면 오산리(박화윤 영수) / 황등면 동연리(백낙규 장로) / 익산면 고현리(김자윤 장로) / 익산면 이리(김중수 목사)
- 부여군: 충화면 지석리(손재신 집사) / 충화면 오덕리(양재하 영수) / 임천면 옥곡리(김상규 집사) / 세도면 청포리(김진규 영수) / 양화면 초왕리(***)

부위렴 부부 선교사의 활약

부위렴William F. Bull 선교사는 버지니아 노포크Norfolk, VA 출신으로 1899년 유니온신학교를 마친 그해 목사 안수를 받고 군산선교부에 부임했다.

하위렴이 다양한 은사를 가지고 전주, 군산, 목포 세 선교부를 섬겼다면, 부위렴은 군산에서 사역을 시작해 군산에서 사역을 마감한 선교사로 군산 선교에 커다란 족적을 남겼다.

1900년 버지니아 스타운턴Staunton, VA 출신의 미혼의 리비 엘비Libbie A. Alby 양이 군산선교부에 부임하고 얼마 되지 않아 부위렴과 결혼에 골인하자, 군산은 큐피드의 화살이 날아드는 곳이라는 일화가 한동안 화제에 오르기도 했다.

부부 선교사로 사역하며 엘비는 데이비스가 하위렴과 결혼하여 전주로 떠난 그 자리를 대신했다.

부위렴 선교사는 전킨을 도와 군산 선교를 성공적으로 이끌어 갔다. 그는 한국말을 완벽하게 구사해 유창한 전도 설교로 회중을 사로잡았을 뿐 아니라 다루지 못하는 악기가 없을 정도로 음악적 재능도 뛰어나 영명학교를 중심으로 밴드부를 조직하여 순회전도에 활용하기도 했다. '백만인구령운동'이 있던 시기(1909-1910)에는 부위렴 선교사가 이끄는 밴드가 가는 곳마다 은혜로운 집회를 이끌어 이 지역 교회부흥에 크게 기여하기도 했다. 후일 음악가로 대성한 현제명[14], 트럼펫 연주자 이우석 목사[15]도 한때 이 '부흥복음성가단' 단원이었다.

농촌순회 밴드부 : 왼쪽 뒤편에 부위렴과 엘비가 보인다

군산에서 전도선을 타고 충남지방의 순회전도에 힘쓰던 부위렴 선교사에게 한 가지 재미난 일화가 있다. 침례교 선교사 스테드만Fredrick W.

---

14) 경북 대구 출생. 평양 숭실학교를 졸업하고 전주 신흥학교에서 음악 교사로 재직할 때 부위렴의 악단 전도대 단원이었다.
15) "민족혼을 일깨웠던 영혼의 나팔수"로 알려진 이우석 목사는 영명학교를 졸업하고 평양 숭실학교와 평양 장로교 신학교를 졸업하고 장수, 장계, 고창, 전주 등지에서 목회했다. 보성읍교회에서 부흥사경회를 인도하다 불온사상을 설교한다는 이유로 체포되어 고문을 받다가 죽음을 맞았다.

Steadman이 강경에서 선교할 때 자신이 평신도 선교사임을 들어 침례를 베풀지 않고, 마침 인근을 순회하던 부위렴 선교사에게 집례를 요청한 적이 있는데, 그는 이 요청을 기꺼이 수락하고 침례를 베풀었다고 한다.

한국 최초의 침례교인이 장로교 목사를 통해 침례를 받았다는 사실도 흥미롭지만, 더 재미있는 일은 그 지역에 세워진 최초의 침례교회 역시 부위렴 선교사의 협조를 얻어 세워졌다는 점이다.

초기 한국선교에 있었던 이러한 사례는 그 당시 얼마나 교단 간에 넓은 포용력을 가지고 서로 협력했는지를 구체적으로 보여주고 있다고 할 수 있다.

1899년 장로교 선교사에 의해 침례교 신자가 태어나던 해, 남장로회 선교사들은 연차보고에 다음과 같이 보고 했다.[16]

"남장로교 선교부는 사실상 충청, 전라 양도兩道에 … 증원파송이 없으므로 인하여 충청도는 침례교회 형제들에게… 넘겨줄 셈입니다."

선교지 분할 협정에서 남장로교의 선교구역은 충청도까지 포함하고 있었지만, 예산상의 이유로 선교사의 증원 파송에 어려움이 있자 선교부에서는 선교구역을 전라도 지역으로 축소해서 넘겨주고자 했다.

이런 이유로 이미 그 지역에 활동하고 있는 침례교나 감리교 선교사들에게 자신들의 선교구역을 양보하고 심지어 타 교단의 교회가 세워지는

---

16) 칠산침례교회 교회사에서 재인용

일에 협조하기도 했다.

이 같은 양보와 협력 속에 남장로교 선교부로서는 비록 선교구역을 축소 조정하고 있었지만, 오히려 더 조직화되고, 더 큰 선교 효과로 이어지는 결과를 낳기도 했다.

그뿐만 아니라 순회전도 중 익산 4.4 만세운동의 현장에서 문용기 열사의 잔혹한 죽음을 목격한 부위렴 선교사는 곧바로 일제의 탄압 실태 보고서[17]를 남장로교 총회에 제출해 일제의 만행을 국내외에 알리는 일에 공헌한 것도 그의 빠뜨릴 수 없는 업적 가운데 하나가 될 것이다.

한편 전킨 선교사 내외가 자리를 전주로 옮기자 곧바로 여학교 운영을 맡은 엘비 선교사는 특히 모금 활동에 놀라운 수완을 발휘했다.
자신의 모교회인 버지니아 렉싱턴 장로교회와 모교인 메리 볼드윈대학Mary Baldwin University에 기도와 지원을 호소하자, 교인들과 학생들이 힘을 합해 모금해 기금을 보내왔는데 이때 보내준 기금으로 3층 교사(校舍)를 신축해 기염을 토하기도 했다. 군산선교부에서는 후원의 손길을 기념해 그때부터 군산여학교를 멜볼딘여학교로 불렀다.

---

17) 'Some Incidents in the Independent Movement in Korea', Presbyterian Historical Society, Philadelphia. RG 441, Box 3, Folder 35.

뱃길을 따라 충남지역으로

매요한John McEachern 선교사는 1884년 노스캐롤라이나 훼잇츠빌 Fayetteville, NC에서 태어나 데이빗슨 대학과 콜롬비아 신학교를 졸업했다.

1911년 군산선교부에 부임해 구암교회 당회장을 비롯해 아내Netta S. Cooper와 함께 영명학교와 멜볼딘여학교 교사로도 사역했지만, 무엇보다도 그에게 맡겨진[18] 충청 남서부 일대를 부위렴 선교사와 함께 전도선을 타고, 금강을 거슬러 올라 다니며 순회사역에 힘을 쏟았다.

이미 앞에서 언급했듯 비록 선교부의 사정으로 충청도를 감리교와 침례교에 넘겨 주고 있었지만, 이왕에 해왔던 서천과 부여의 일부 지역은 군산선교부에서 여전히 관할하고 있었다.

YMCA 운동과 신간회를 이끌던 월남 이상재가 독립협회 사건으로 구속되었다가 옥중에서 회심하고 예수를 영접했는데 그가 2년간의 옥살이를 뒤로하고 풀려나자, 곧바로 고향 서천에 내려와 가까운 몇몇 사람을 전도해 예배를 드리다가 점점 사람이 많아지자 예배당을 구입하고 종지교회라 이름하면서 매요한John McEachern 선교사의 순회지도를 받았다.

---

18) '조선예수교장로회 전북노회' 제12회 회의록, 1923.1.23.
   매요한이 담당한 북부구역 소속교회는 다음과 같다.
   - 서천군: 서남면 옥북리(김문수 집사) / 마동면 송내리(박화실 유사) / 종촌면 신검리(강인희 집사) / 종천면 장구리(조경화 집사) / 화양면 완포리(하중호 집사) / 기산면 화산리(박중무 집사) / 한산면 종지리(유성렬 장로) / 마산면 가양리(유명보 집사) / 화양면 구동리(한백희 장로) / 화양리 금당리(조남명 집사) / 한산면 연봉리(이성규 집사) / 문화면 북산리(이치행 집사)
   - 부여군: 옥산면 홍연리(임학준 영수) / 외산면 반교리(서상우 영수) / 외산면 문신리(황영희 영수) / 외산면 지선리(이경원 집사) / 홍산면 좌홍리(백남철 집사) / 홍산면 흥양리(이효승 집사) / 내산면 온해리(유재곤) / 남면 송암리(이덕현)

군산에서 3·5 만세운동이 일어나자 서천 지역에서도 종지교회 교인들이 앞장서 만세운동(3·29)을 이끌었으며, 이보다 먼저 발생한 강경지역 만세운동(3·10) 역시 부위렴 선교사의 순회구역이던 부여군 세도면의 청포교회와 창영학교 교사와 학생들이 주도한 것을 보면, 충남지역의 만세운동 역시 남장로교 선교사들의 영향력을 적지 않게 받았을 것으로 짐작이 된다.

영명학교와 인돈의 교육사역

1891년 2월 8일 조지아주 토마스빌Thomasville, GA에서 출생한 인돈W. A. Linton은 대학을 졸업하던 1912년 조선 선교 필요성을 강연하는 집회에 우연히 참석했다가 크게 감명을 받고 조선 선교를 지원하였다.

1912년 9월 20일 남장로교 선교사 20여 명과 함께 내한할 당시 그의 나이가 21살로 내한 선교사 가운데 최연소를 기록했다.

그는 첫 선교지로 군산(1912-1923)에 부임하여 영명학교에서 매요한John McEachern, 이보린John Bolling Reynolds과 함께 교육선교사로 사역을 시작했다. 얼마 후 전킨이 건강상의 문제로 전주로 옮겨가자 그를 대신해 영명학교를 이끌었으며, 영명학교 교장을 맡아 사역하는 동안 군산 3·5 만세운동이 일어나자, 그는 일제의 감시를 피해 가며 교사와 학생들을 배후에서 지도했을 뿐 아니라 일제가 저지른 만행을 국제사회에 알리는 일에 앞장서기도 했다.

1922년 광주선교부에서 활동 중이던 배유지Eugene Bell 선교사의 딸인 인사례Charlotte W. Bell와 결혼하면서 군산은 또 한차례 신혼 선교사의 보금자리로 선교사들 사이에 회자되기도 했다.

부부 선교사로 활약하며 분주한 가운데서도 '한국에서의 교육 사역'이라는 제목으로 자신의 교육철학을 장로교 월보[19]에 실어 교육 선교가 한국 복음화에 미치는 영향을 피력하기도 했다.

1926년 그는 전주 신흥학교로 옮겨가 여부솔F. M. Eversol의 뒤를 이어 5대 교장으로 재임하는 동안 교사들의 자질향상과 학교시설 확충에 힘을 기울여 1933년에는 총독부로부터 지정학교로 인가를 받아내 학교 운영을 정상화 궤도로 올려놓기도 했으나, 그 후 황민화 정책을 앞세운 일제의 신사참배 강요로 어쩔 수 없이 1937년 자진 폐교를 결정해야 했다.

태평양 전쟁으로 사태가 더욱 악화되자, 신사참배 저항의 배후에 기독교가 있다고 판단한 일제는 전국의 모든 교회에까지 신사참배를 확대하면서, 선교사들에 대한 통제와 단속을 더욱 강화하자 견디다 못한 선교사들은 집단 철수(1940. 11)를 하고 말았다.

남장로교 선교사상 유례가 없는 초유의 일이었다. 태평양전쟁이 막바지에 이르던 1942년에는 남아있던 선교사들까지 모조리 색출해 추방하고, 심지어 선교부의 재산까지도 강제로 몰수해 버리고 말았다.

---

19) 오승재, "인돈이야기 11", 한국장로신문, 2011. 6. 4.

1945년 일본의 패배로 태평양전쟁이 막을 내리고 해방이 되자, 곧바로 한국에 다시 돌아온 인돈은 극심한 정치적 혼돈 속에서도 선교부를 다시 재정비하는 일에 힘을 쏟았으며, 1950년 한국전쟁의 소용돌이 가운데서도 끝까지 한국을 떠나지 않고 전주 신흥학교와 한남대를 지켜내 남장로교의 교육 선교를 꽃피워냈다.

의료선교사들의 활약

1902년 드루 박사가 건강 문제로 미국으로 돌아간 후 그를 대신해 알렉산더Alexander J. A. Alexander 박사가 군산에 도착했다. 그는 프린스턴 대학과 컬럼비아 의대를 졸업한 수재로 켄터키 명문가 출신이었다.

그의 조부가 일궈낸 우드번 목장Woodburn Farm[20]은 경마산업의 메카 켄터키주에서도 알아주는 말 사육 목장으로 그 면적만 해도 3000에이커(367만 평)가 넘었다.

알렉산더가 내한해 2개월도 채 되지 않았을 때 갑작스러운 아버지의 부음訃音을 들었다. 전혀 예상치 못한 부친의 사망 소식과 함께 가업家業을 이어야 한다는 가족들의 빗발치는 성화로 귀국하지 않으면 안 되는 상황이 되자, 의료선교사로서 조선에서 헌신하겠다는 그의 꿈은 일시에

---

20) Diane Bundy and Jennifer Howard, "The Alexander Family of Woodburn Farm, Woodford County, Kentucky" *Kentucky Ancestor*. pp.4-14

무너지고 말았다.

   그는 미국으로 돌아가면서도 자신이 다하지 못한 의료선교를 대신해 조선 청년 한 사람을 데려다 의사로 키우고자 했다. 이렇게 해서 군산선교부에서 선교사들에게 조선어를 가르치던 오긍선이 미국으로 건너가게 된다.

   알렉산더 박사는 미국에 돌아간 후에도 선교기금을 지속적으로 보내 후원했으며, 순천과 목포에 병원과 학교를 짓는 등 여전히 호남 선교를 위해 오랫동안 큰 역할을 감당했다.

   1904년 알렉산더의 후임으로 토마스 다니엘Thomas H. Daniel이 부임해 왔다. 그가 간호선교사 케슬러[21] E. E. Kestler와 함께 사역하는 동안, 알렉산더가 보내온 기금으로 현대식 설비를 갖춘 한옥 병원을 증축한 데다 1907년에는 미국에서 의사가 되어 돌아온 오긍선까지 합류하자, 구암병원[22]은 전국적으로 유명세를 치르던 명소가 되었다.

   선교사가 데려다가 공부시켜 의사가 되었다는 행운의 주인공 오긍선의 꿈같은 이야기는 사람들을 불러모으기에도 충분했다. 오긍선은 영명학교에 특별 과를 병설해서 위생학, 생리학, 화학, 약물학 등의 기초의학을 가르치기도 했다.

---

21) 남장로교 선교부가 파송한 최초의 간호선교사.
22) 구암병원의 정식명칭은 '프란시스 부릿지스 앳킨슨(Francis Bridges Atkinson) 기념병원'이었으나, 일반인들이 부를 때는 '구암병원' 혹은 '군산예수병원'으로 불렸다.

1910년 다니엘T. H. Daniel과 케슬러가 함께 전주 예수병원으로 옮겨가고 후임으로 손배돈J. B. Patterson이 부임했다. 1907년 세인트 루이스St. Louis, MO에 소재한 워싱턴대학교Washington Univ. 의대를 졸업한 그는 선교사로 지원해 1910년 3월에 내한하였다.

그는 실력이 있는 의사였을 뿐 아니라 병원행정에도 탁월한 능력을 보였다. 그는 부임과 동시에 선교부 예산확보에 힘을 기울여 병원설비를 크게 확충했으며, 늘어나는 환자들을 대비해 1922년에는 한국인 의사를 3명이나 충원하고 간호사 역시 34명으로 늘리면서 진료의 질적 수준을 크게 향상시켰다.

그 당시 구암병원은 전국 남장로교 병원 중 가장 큰 규모를 자랑했으며, 세브란스 병원에 버금가는 병원으로 알려지면서 군산 의료선교의 최고 전성기를 구가하기도 했다.

군산 예수병원의 광고기사가 동아일보에 실려 전국적으로 홍보가 된 것도 이때였으며, 한국인 의사 김병수[23], 강필구, 계원식[24]이 이 시기를 전후해서 근무하기도 했다.

---

23) 군산 3·5만세 운동의 주동자로 투옥되어 1년 3개월의 옥고를 치렀다. 세브란스 의전을 졸업하고 의사가 되어 군산예수병원에서 근무했으며, 후에 익산에 삼산의원을 개업했다.
24) 경성의전을 졸업한 계원식은 이 당시 군산예수병원에 잠시 근무했다. 백낙규의 권유로 황등으로 이사와 기성의원을 개업하면서 동련교회에서 장로 장립을 받았다.

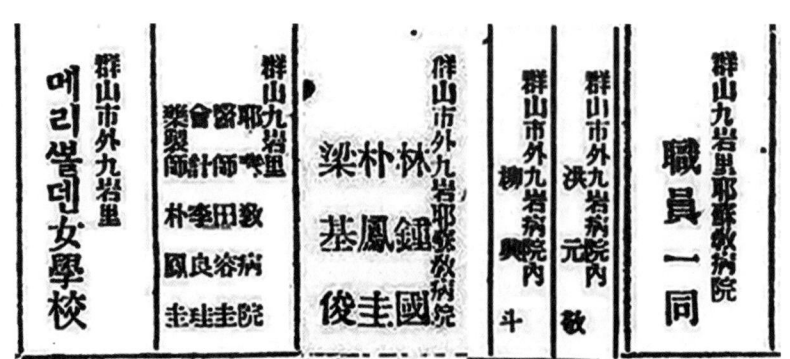

동아일보 창간 1주년(1921) 축하광고[25]

---

25) 군산 구암리 야소교병원 직원 일동, 멜볼딘여학교의 광고도 보인다. 병원 의사와 직원 모두 한국인만 광고한 것이 이채롭다. 의사 명단에 보이는 양기준은 구암교회 양응칠 장로의 장남이었다.

4. 남장로교 선교부의 통전적 선교전략

거점據點중심 선교를 펼치다

모든 길은 로마로 통한다는 서양의 속담과 같이 사도행전의 사도들은 로마의 길을 따라 안디옥, 골로새, 에베소, 빌립보, 고린도, 데살로니가등 이왕에 소재한 회당Synagogue을 적절히 활용하며 선교를 펼쳤다.

이처럼 거점 중심 선교는 초대교회 시절부터 보편화된 선교방식이었다.

대항해시대 아메리카 대륙의 대부분을 식민지로 거느린 스페인의 정복자들은 곳곳에 아시엔다Hasienda[26]를 건설해, 자급자족경제를 이루어 내는 기지基地로 활용했을 뿐 아니라 통치권자를 대신해 자기에게 주어진 구역을 맡아 다스리는 행정자치의 중심으로 삼기도 했다.

통치수단과 경제적 이유에서 건설된 아시엔다가 시간이 지나면서 로마

---

26) 대항해시대 스페인의 지배를 받았던 중남미의 나라들에서 실시한 대토지 소유제 중심의 대규모 농장.

가톨릭의 선교에 크게 활용이 된 것은 두말할 필요도 없이 모든 기반을 갖추고 있는 선교거점으로서도 손색이 없었기 때문이다. 이후로 이 방식은 아예 '선교전략으로서 거점선교'라는 선교 용어로 진화하며 일반화된 개념으로 확장되면서, 19세기 이래 미국의 개신교 선교에서도 이 방식을 적극적으로 활용했다.

남장로교 선교부에서도 예양협정으로 자신들의 선교구역이 정해지자 호남의 5개 거점 즉 군산, 전주, 목포, 광주, 순천에 스테이션을 설치하고, 거점을 중심으로 한 선교를 추진해 나갔다. 한국에 선교사를 파송한 어느 교단과 비교해 보아도 남장로교만큼 효율적인 거점 중심의 선교를 펼친 교단을 찾아보기 쉽지 않다. 이처럼 남장로교가 더 성공적인 선교 효과를 보인 이유 가운데 하나는 스테이션 운용에 그들만의 독특한 지역적 경험이 있었기 때문이라고 생각이 든다.

개척시대부터 미국의 남부는 대규모 면화농장이나 담배농장 같은 대규모 플랜테이션 농업이 발달했기 때문에, 아시엔다와 유사한 스테이션의 운용은 이미 그들이 익숙하게 공유해왔던 일상의 문화였다. 어찌 보면 문외한에게는 노하우Know-how일 수도 있는 스테이션 시스템을 남장로교 선교사들이 해외 선교지에 손쉽게 적용할 수 있었던 것은 이런 문화적 배경도 한몫했으리라 여겨진다.

예양협정으로 남장로교 선교부에 호남지역이 맡겨지자 선교부에서는 선교에 가장 효율적인 거점을 확보하는 일에 일단 공을 들였다. 레이놀드와 드루 선교사가 전라도를 둘러본 한 달간의 탐사 여행부터가 그랬다. 호남지역을 전체적으로 살펴본 끝에 전주로 돌아온 그들은 선교부가 위치할 지역을 놓고 머리를 맞댔다.

일단 전주는 전라도의 수부首部였기 때문에 선교부 설치를 당연시 여겼고, 이어서 전주에 선교 물품을 공급할 수 있는 물류의 통로로 군산을 꼽았다. 육상교통이 불편했던 시절, 금강하구에 자리를 잡고 있던 군산은 제물포에서 배를 이용해 접근이 용이한 포구였기 때문에 처음부터 수로의 유리함에 착안했던 선교사들은 군산에 일차적으로 선교부를 위치시켰다.

심지어 전킨의 자녀들이 풍토병으로 연거푸 사망하자 군산 선교부를 폐쇄하고 나주로 옮기려 할 때도, 드루는 해상 이동의 편리함을 이유로 이 결정에 반대했다.

우여곡절 끝에 군산이 거점으로 최종 확정이 되자, 교회와 학교, 병원 그리고 선교사 숙소까지도 스테이션 안에 함께 세워 선교부의 기능을 한곳에 모아 시너지 효과를 극대화했으며 적은 인원으로도 효율적 관리가 가능케 했다.

순회사역으로 지도력을 세우다

거점이 마련되자 선교부를 중심으로 선교사들이 활동을 펼치면서 주변 지역에 교회들을 개척하기 시작했고, 한편으로는 이렇게 세워진 교회들을 순회하며 돌보았다.

개척한 교회들을 순회할 때마다 설교하며 성례전을 베풀고 치리회도 주재했지만, 일 년에 겨우 몇 차례의 방문만으로는 교회를 이끌어 갈 수가 없었기 때문에, 마치 바울이 디모데에게 에베소 교회를 맡기고, 에바브라에게 골로새 교회를 맡긴 것처럼 교회마다 조력자를 세워 크고 작은 일을 자치적으로 처리해 나가도록 했다.

이렇듯 선교 초기에는 목회자의 부재로 생기는 목회적 공백이 일상적이었지만, 그렇다고 해서 꼭 부정적인 결손缺損으로만 생각할 일도 아니었다.

왜냐하면, 조력자들에게 교회와 성도를 자치적으로 이끌어가게 함으로써 오히려 평신도 지도력 향상에 도움이 되는 순기능順機能도 있었기 때문이다.

군산 선교의 초석을 놓은 전위렴William M. Junkin 선교사는 뒤따라 내한한 부위렴William F. Bull, 하위렴William Harrison 선교사와 더불어 복음 사역을 성공적으로 이끌었다.

공교롭게도 세 선교사의 이름이 윌리엄이었는데 이 윌리엄 3총사(?)[27]의 활약에 힘입어 옥구, 익산, 김제에 많은 교회가 세워지고 있었다.[28]

게다가 매요한John McEachern, 인돈William Linton 등이 가세하면서, 이들 선교

---

27) 복음 선교사 William Junkin(전위렴), William Bull(부위렴), William Harrison(하위렴)에 이어 교육선교사 William Linton(인돈)에 이르기까지 군산선교부에는 윌리엄이라는 이름이 4명이나 되었다.
28) 1907년 김제와 부안의 관할권이 전주선교부에서 군산선교부로 이관되었다.

사의 헌신적인 사역으로 얻어진 추수의 결실은 다른 선교구역 어디서도 쉽게 볼 수 없는 풍요함으로 채워지고 있었다.

1894년 선교부가 세워지고 1940년 일제의 강압으로 추방되어 강제송환될 때까지 호남지역 전체에 세워진 총 433개 교회 가운데 군산선교부의 순회전도 사역으로 세워진 교회는 3개 군(옥구, 익산, 김제)에 걸쳐 61개에 이르렀다.[29]

---

29) 홍장희, "미국 남장로교 선교사의 호남지역 교회개척 선교전략에 관한 연구" (D. Min in Global Ministries dissertation, Fuller Theological Seminary, 2017), pp. 73-81 (1894-1940 군산선교부에서 개척한 교회는 다음과 같다.)
- 1897 송지동교회(김제군 회룡면)
- 1900 남전교회(익산군 오산면), 개복교회(군산시 개복동), 지곡교회(군산시 나운동), 구암교회(군산시 구암동)
- 1902 월봉리교회(김제군 월봉면), 오산교회(익산군 오산면)
- 1903 지경리(옥구군 대야면), 대창리교회(김제군 죽산면), 월성리 교회(김제군 봉남면)
- 1904 함라교회(익산군 함라면)
- 1905 두정리교회/금산(김제군 수류면), 김제 동부(김제군 백학동), 복죽리교회(김제군 복학동), 동련교회(익산군 황등면), 무형/선리교회(익산군 망성면)
- 1906 나포리교회(옥구군 나포면), 옥산중앙교회(옥구군 옥산면), 송산리교회(익산군 용안면), 웅포교회(익산군 웅포면), 제석/대붕암교회(익산군 웅포면), 화평교회(익산군 춘포면)
- 1907 난산교회(김제군 백구면), 냉정교회(김제군 연정동), 원평교회(김제군 금산면), 학천리교회(김제군 백산면), 서두리교회(익산군 삼기면)
- 1908 두화리/두동(익산군 성당면)
- 1909 신동교회(익산군 함라면)
- 1910 김제제일교회(김제군 옥산면)
- 1911 금구교회(김제군 금구면)
- 1912 부곡교회(익산군 성당면)
- 1917 산곡교회(옥구군 성산면), 진흥교회(김제군 황산면)
- 1920 부송교회(익산군 부송면)
- 1921 성운교회(김제군 금구면)
- 1922 낙성리교회(김제군 금구면)
- 1923 명량교회(김제군 죽산면)
- 1924 신흥교회(군산시 금동)
- 1925 개정중앙교회(옥구군 개정면), 백구교회(김제군 백구면), 와리교회(익산군 함열면)

열린 교육을 지향하다

남장로교 선교부의 선교정책에서 복음 사역 못지않게 힘을 쏟은 것은 교육 사역이었다. 기독교가 우리나라에 들어오기 전에는 보편적 교육이 이뤄지는 근대적 의미의 학교란 존재하지 않았다.

다만 양반 자제들을 위한 교육이 서당에서 이루어졌지만, 일반 백성들은 그나마 배울 수 있는 기회조차 없었다.

비록 갑오경장의 시행으로 근대화 교육시책이 보통교육을 내세웠으나, 일제 강점기 교육정책은 처음부터 식민지교육으로 재편하는 과정을 밟고 있었기 때문에 한국인과 일본인은 입학조건에서부터 뚜렷한 차별이 있었다.

조선인과 일본인을 차별하는 공립학교와는 달리 기독교 학교는 설립 목적을 선교에 두고, 교육 균등을 내세운 입학규정을 제시했다.

이와 같은 차별을 두지 않는 입학규정은 기독교에 마음을 열게 하는 접

- 1927 다송교회(익산군 함열읍)
- 1928 황등교회(익산군 황등면)
- 1929 이곡리교회(옥구군 옥구읍)
- 1930 대신교회(김제군 청하면), 가보교회(김제군 진봉면), 하목교회(김제군 황산면)
- 1931 금암교회(군산시 금암동)
- 1932 서포교회(옥구군 나포면), 만석교회(익산군 오산면)
- 1933 동부교회(군산시 중앙로 2가), 천서리교회(익산군 춘포면)
- 1934 송학교회(익산군 오산면)
- 1935 신용리교회(김제군 부량면), 용계교회(익산군 낭산면)
- 1936 성덕교회(옥구군 성산면), 갈전교회(익산군 금마면)
- 1937 삼일교회(익산군 석탄면)
- 1938 발산교회(옥구군 개정면), 어청도교회(옥구군 옥도면)

촉점이 되었을 뿐만 아니라 기독교 학교에서 신앙을 가진 인재 양성을 목표로 가르친 성경은 한글 교육의 수단이 되어 자주정신과 민족의식을 고취하는 원동력이 되기도 했다.

군산 3·5 만세운동과 익산 4·4 만세사건 등 이 지역에서 발생한 만세운동이 바로 영명학교와 멜볼딘여학교 출신 교사와 학생들에 의해 주도된 것만 보아도, 그 당시 기독교 학교의 역할이 어떠했는지를 짐작해 볼 수가 있다.

이렇듯 교육 선교 차원에서 세워진 기독교 학교들은 근대교육의 한 축을 감당했을 뿐 아니라 또한 민족교육의 산실이 되어 독립운동에도 앞장을 서고 있었다.

남장로교 교육 사역은 처음부터 불신자는 전도하고 신자는 교육한다는 복음 선교의 입장을 강조하면서 신앙의 유무를 불문하고 제한 없이 받아 주었으며, 선교부가 조성될 당시부터 아예 남학교가 있는 곳에 반드시 여학교도 같이 세워 남녀평등의 열린 교육을 실현했다.

이렇게 세워진 멜볼딘여학교는 당시 이 지역에 유일한 여성 근대 교육기관으로 낙후된 여성 교육에 힘을 쏟았을 뿐 아니라 여권 신장과 여성들의 지도력 향상에 커다란 영향을 끼쳤다.

팀 사역으로 선교 효과를 극대화하다

초기 내한 선교사들이 교육 사역을 선교의 차원에서 파악하고 학교를 세워 불신자를 전도하는 수단으로 삼았던 것처럼 환자를 돌보는 의료 사역 또한 선교적 차원에서 보았기 때문에 선교부에서는 효과적인 전도를 위해 서둘러 전주와 군산의 스테이션 안에 병원을 설립하고 의료사역을 적절히 활용했다.

사도 바울이 의사 누가와 함께 팀을 이루어 성공적인 선교를 했던 사례를 롤 모델로 남장로교는 애초부터 복음 선교사와 의료선교사의 팀 사역에 중점을 두고 선교부 내에 교회와 진료소를 함께 세웠다.

병이 나도 치료를 받지 못하는 가난한 이들에게 무엇보다 필요한 것은 의사요 병원이었지만, 의료시설이 전혀 없던 시절 선교부의 의료선교는 이 지역의 복음화에 큰 역할을 감당했다.
절박함으로 진료소를 찾아온 환자와 그 가족들에게 복음을 전하는 방법은 오히려 일일이 찾아다니는 순회 전도보다 훨씬 더 큰 효과를 낼 수가 있었다.

후에 남장로교 해외선교부 총무로 사역했던 조지 브라운George T. Brown은 이 지역 선교의 성공 요인을 지적하면서, 전도와 교육 그리고 의료 사역이 동시에 이루어진 팀 사역에 있었다고 보았다.[30]

---

30) 조지 브라운(George T. Brown/부명광), "한국선교이야기", 인돈학술총서 Ⅰ, 천사무엘, 김균태, 오승재 옮김, 동연, 2010, pp.73

제 4 장

백낙규와 동련교회

1. 복음을 만나다

장터에서 만난 선교사

그 당시 군산 내항에서 가까운 죽성포는 속칭 째보선창으로 불리던 어선들이 정박하는 포구였다. 금강으로 흘러 들어가는 죽성천 입구의 강안江岸에 석축을 쌓아 조성한 포구의 모습이 옴팍하게 들어갔다고 해서 그렇게 불렀단다.

어선들의 선창으로 안성맞춤이어서 천변川邊을 따라 비린내가 물씬한 큰 어시장이 있었는데 이곳에는 언제나 사람들로 활기가 넘쳤다.

이 째보 선창 근처에는 조선 시대부터 세곡稅穀을 보관하는 조창漕倉[1]이 있었다. 덕성창으로 불리던 조창이 용안 금두포에 있었으나 중종 시대 군산포로 옮겨오면서 군산창으로 불렸는데, 호남평야에서 거둬들인

---

[1] 전국 각 지방에서 조세(租稅)의 명목으로 납부한 미곡(米穀)을 수납하여 경창(京倉)으로 운송하기 위해, 연해나 하천의 포구에 설치하여 운영하였던 국영 창고.

세곡을 경창京倉으로 운반하는 조운선을 63척이나 보유할 정도로 전국의 조창 가운데 가장 규모가 컸다고 한다.

군산이 개항되자 전운국轉運局²⁾에서는 세곡 운송을 위해 일본으로부터 차관을 들여와 증기선을 구입했다. 뱃전 양쪽에 바퀴가 달린 증기선으로 종래의 범선보다 몇 배나 더 선적할 수 있어서 최대 2,400가마까지 곡물을 실을 수 있었다. 증기선은 세곡 운송뿐만 아니라 일반 화물과 승객까지도 빠르고 안전하게 운송했다.

전킨과 드루 선교사가 제물포에서 범선을 타고 군산에 올 때만 해도 200km 서해 연안을 열하루나 걸리는 뱃길이었으나, 거기에 비해 증기선은 날씨만 좋으면 18시간 정도밖에 걸리지 않아 범선과는 비교가 되지 않았다.

증기선의 운항으로 선교사들의 생필품이 샌프란시스코에서 요코하마를 거쳐 제물포에 들어오면, 다시 제물포에서 다시 연안 증기선에 옮겨 군산으로 운반했는데 크게 단축된 소요 일자에 선교사들은 환호성을 질렀다.

포구의 선창에서 얼마 떨어지지 않은 곳에 서래 장터가 있었다. 장날이 되면 옥구, 김제, 지경, 함열, 임피 등지에서 장꾼들이 모여 물물거래가 이뤄지기도 하고, 각 지역의 특산물을 가져와 판매하는 보부상들 하

---

2) 조선 말기 세미(稅米) 운송업무를 관장하던 관서.

며, 특산물을 다른 지역에 거래할 수 있도록 주선하는 객주客主들의 거점이었다.

오래전부터 서래장터는 경창京倉에 들락거리는 뱃사람들이나 혹은 전국적인 연락망을 가지고 있는 객주들을 통해 외부의 소식을 들을 수 있는 소통구역이기도 했다.

1920년대 군산시장의 모습

선교사들이 자리를 잡았던 선교부가 서래 장터에서 얼마 떨어지지 않았기 때문에 보부상으로 장터를 돌던 백낙규도 이곳에 올 때면 선교사들의 활동을 전해 듣기도 하고, 서양 의사들이 세운 진료소에서 치료를 받았다는 사람들을 만나기도 했다

서래 장터 인근 주민들에게 벽안碧眼의 선교사들의 활동은 언제나 화젯

제4장 백낙규와 동련교회   121

거리여서, 그들이 장터에 나타나 전도지라도 나눠주기라도 하면 호기심을 가지고 몰려드는 인파에 에워싸이곤 했다. 선교사들의 소문은 주변 지역으로 빠르게 퍼져나갔다.

무자년1888의 극심한 흉년이 호남을 휩쓸어 굶주림으로 죽는 이가 속출했을 때, 공주 사람 오인묵이 곡식을 싣고 금강을 따라 군산까지 내려와 기민饑民을 도왔다고 한다.

이 일로 오랫동안 주민들은 오인묵의 선행을 기억하며 그의 덕을 칭찬했다. 이렇게 존경을 받던 오인묵이 어느 날 예수를 믿는다는 소문이 퍼지면서 삽시간에 화젯거리가 되었다. 길거리나 장터에서 선교사들이 사람들을 모아 전도하는 것을 가끔 호기심으로 드려다 보기는 했지만, 벼슬살이까지 했다던 오인묵이 어떻게 예수를 믿게 되었는지 궁금해했다.

장터를 출입하던 백낙규도 그중의 하나였다. 이때부터 백낙규도 선교사들에 관해 관심을 가지고 그들로부터 이야기를 들어보려 했다.

장터를 찾아다니던 백낙규가 선교사들의 이야기를 들은 것은 비단 군산 뿐만이 아니었다. 금마, 함라, 웅포, 함열 등 황등 근처의 지역에까지 선교사들의 순회의 발길이 이어지고 있었기 때문에 들리는 장터마다 그들의 이야기가 자주 화두로 등장하곤 했다.

어느 날 양복을 차려입은 벽안의 선교사가 커다란 가죽가방을 들고 장터에 나타났다. 어눌한 우리말로 외치던 그의 곁에서 전도지를 나눠주는 조선인도 보였다.

호기심으로 기웃거리는 백낙규에게 다가온 서양인 선교사가 소책자 한 권을 건넸다. 그는 아무 생각 없이 받아 쥐었으나 그 자리에서는 전혀 펼쳐볼 엄두도 내지 못하고 망태기에 쑤셔 박듯 집어넣었다.

날이 어둑해질 무렵 백낙규는 판을 거두고 집에 돌아와 등잔불을 켜고 앉아 서양 선교사가 손에 건네준 책을 펼쳐보았다. 〈신약마가젼 복음 셔언해〉 책 제목이 너무도 생경生硬했다. 잔글씨로 인쇄되어 어두운 불빛에서는 잘 보이지도 않았다. 구석에 밀어 놓을까 하다 다시 눈앞에 가까이 대고 소리 내 읽어 보았다.

"하나님의 아들 예수 그리스도 복음의 시작이라" (막 1:1)
"가라사대 때가 찾고 하나님의 나라가 가까웠으니 회개하고 복음을 믿으라 하시더라" (막 1:15)

"하나님의 아들 예수 그리스도의 복음…!"

"하나님의 나라가 가깝다니…?"
"이게 무슨 뚱딴지같은 소리지?"

백낙규는 속으로 이렇게 되뇌며 책을 놓았다.

"그런데 서양 사람들은 모두가 이 가르침을 받고 따른다고 하던데…!"

요다음 장날에 선교사들을 만날 기회가 있으면 시간을 내어 직접 물어봐야겠다고 생각하며 잠자리에 들었다.

하나님이 통치하는 나라가 무엇인지 잘은 몰라도 그 말이 그렇게 듣기 좋았다. 가난한 백성을 수탈하고 외세의 침략에는 속수무책束手無策인 무능한 나라보다는 하나님 나라 백성으로 사는 길이 있다면 그 길을 알고 싶었다. 그는 물에 빠져 지푸라기라도 잡는 심정으로 제일 먼저 하나님의 나라를 마음에 품었다.

그리고 하나님 나라를 전하는 서양인들은 미국에서 건너온 남장로교 선교사라는 말을 귀담아들었다.

"예수를 믿음으로써 시작하는 하나님의 나라"

"우리가 세워가는 세상이 아니고 그가 이루신 하나님의 나라에 내가 변화되어 참여하는 나라…?!"

백낙규는 장터에서 전도하는 선교사를 만나는 기회가 있을 때마다 귀를 기울였으며 선교사 일행이 인근 마을[3]을 순회한다는 이야기를 듣기

---

[3] 황등에서 동쪽으로 조금 떨어진 반열 마을(율촌리)에 전주선교부 테이트 선교사 일행이 1897년 8월부터 정기순회를 하며 복음을 전했다 인근 장평리에서 참석하는 자들이 많아지자 1904년 예배처소를 장평으로 옮겼다고 한다. 한편 동련교회 90년사에는 백낙규가 장평에서 기도처를 시작한 것을 1901년으로 기록한 것으로 보아, 반열 모임에 참가하던 몇 사람이 이미 모이고 있던 장평에 합류하지 않았나 추측이 된다. 백낙규가 반열(율촌리) 모임에서 만난 선교사 일행 중에 하위렴 선교사를 만난 적이 있는지는 확실하지 않고, 하위렴 선교사가 군산선교부로 옮겨온 1904년부터 백낙규와의 만남이 기록되어 있다.

라도 하면 곧바로 달려가, 모임에 참석하기도 했다.

그러고는 지금까지 자신이 꿈꾸던 개벽의 세상과 하나님 나라를 대비시키면서 그의 마음을 조금씩 열어갔다.

시간이 지나면서 좀 더 마을 가까운 곳에서 모임을 가졌으면 좋겠다는 생각을 하던 백낙규는 주변에 가깝게 지내는 이들에게 기도처를 세우는 일을 제안해 보았다. 마침 그들 역시 선교사들이 찾아와 전하는 복음에 호기심을 가지고 있었던 터라, 그의 제안에 전적으로 공감하며 곧바로 실천에 옮겨 모임을 시작했다.

백낙규는 마음을 먹으면 주저하지 않고 행동으로 옮기는 사람이었다. 이미 젊은 나이에도 불구하고 동학의 소접주로 활약을 했던 그가 아니었든가?

아무튼, 누구도 이때의 정황을 설명해주는 이가 없지만 확실한 것은 백낙규의 제안에 이의가 없이 모임을 시작했다는 점이다. 마치 예수의 초기 사역을 설명하는데 "곧" 또는 "바로"(Immediately or at once)[4]라는 단어를 자주 사용해, 마가복음에 등장하는 제자들을 묘사한 것처럼 초기 교인들이 복음을 듣고 취했던 자세 역시 '곧'과 '바로'였다. 조금도 망설임이 없는 'Allegro Vivace(빠르고 생동력이 넘치는)' 그 자체였다.

이처럼 공동체를 이루고자 했던 그들의 시도와 방식으로부터 초기

---

4) 마가복음 1장에서만 11번이 사용되었다.

기도공동체의 역동적 특징을 어렴풋하게나마 짐작해 볼 수 있을 뿐만 아니라, 이러한 신앙 자세가 결국 동련교회만의 독특한 영성[5]을 형성해 가는 데도 일조했으리라는 생각이 든다.

신앙공동체를 꿈꾸며

전주선교부가 1895년에 세워지고, 그 이듬해인 1896년에 군산 선교부가 세워졌으니까 백낙규가 1901년 서수면 신기리 장평 마을 지성옥 씨 뒷방에서 모임을 시작했다면, 그가 예수를 영접한 시기는 대략 1895년에서 1900년 사이 어느 시점일 것으로 추정해 볼 수 있다.

백낙규는 주일마다 장평의 기도처에서 함께 모여 선교사들이 나눠준 쪽복음을 손에 들고 모임을 가지며 자생적 신앙공동체를 이뤄나갔다. 점점 참석자들이 많아지자 동련에 6간짜리 초가를 매입하여 동련교회라 이름을 내걸고 예배를 드리기 시작했다. 그야말로 감격과 기쁨의 순간이었다.

동련으로 예배처를 옮기고 그 이듬해인 1903년 첫아들을 얻었다. 백

---

5) 안영권, 목회와 신학.「기독교 영성이란 무엇인가」, 목회와 신학, 1993.10, pp.39-40
   브래들리 한센(Bradley Hansen)은 "영성이란 인간의 삶의 본질과 목적에 관한 확신에 따라서 사는 한 개인이나 한 공동체의 삶의 스타일이다. 그것은 삶에 대한 이해와 이에 따른 구체적 표현의 부분을 모두 포함한다."라고 말하였다.

낙규는 병자년(1876) 쥐띠생으로 그의 나이 27세가 되어서야 아들을 보았으니까, 그 당시로 본다면 결코 이른 나이가 아니었다.

삼례기포에 참여했다가 우금치에서 패한 후 떠돌다가 뒤늦게나마 결혼해 노모와 동생들을 돌보아야 하는 그의 처지로 보면, 그나마 가정을 이루고 자식을 본 것은 행운이었다. 동련에 예배처를 마련하고 나서 맛본 첫 기쁨이었다.

아무튼, 백낙규는 모임을 이끄는 목회자가 없었음에도 신실하게 신앙공동체를 이끌었다. 믿기로 작정한 이들이 주일이면 함께 모여, 쪽복음을 손에 들고 함께 읽으며, 기도도 하고, 예배도 드렸지만 아무도 세례는 받지 못한 상태였다.

백낙규는 여느 때와 마찬가지로 조랑말을 끌고 장터를 돌았다. 오일장이 서는 함라 장터 한복판에서 수많은 사람이 모여 귀를 기울이고 있는 것을 보았다.

물건을 팔러 나온 장꾼, 아기를 등에 업은 부녀자, 갓을 쓰고 나온 노인, 앞자리에 쭈그리고 앉아있는 코흘리개 꼬마들까지 모두 그가 외치는 이야기에는 별 관심이 없어 보였고, 오히려 서양인이 하는 어색한 우리말에 낄낄거리며 둘러앉아 있었다.

좌판을 벌여놓고 우리말로 복음을 전하는 벽안의 선교사는 얼마 전 전주선교부에서 군산선교부로 옮겨온 하위렴William B. Harrison이었다.

제4장 백낙규와 동련교회

하위렴 선교사로부터 세례를 받고

장터에 서서 전도를 하던 선교사가 펼쳐 놓았던 자리를 거두고 떠나려 할 때, 백낙규가 하위렴을 찾아가 그동안 자신이 모임을 이끌어 온 경위를 자초지종 이야기했다.

백낙규가 예배처를 세우고 모임을 가져 왔다는 이야기를 듣던 하위렴 선교사는 내심 반가워하면서도 너무도 놀랐다. 마치 가이샤라의 백부장 고넬료가 욥바에 있던 사도 베드로를 청했던 경우와 흡사했기 때문이었다.

군산 선교부에서 1896년 군산교회를 수덕산에, 그리고 4년이 지난 1900년 선교부가 이전하면서 궁말에 구암교회를 세웠고, 같은 해 만자산교회(지경교회)와 이듬해인 1901년 남차문교회(남전교회)가 겨우 세워지고 있었는데, 그보다 더 떨어진 오지에서 선교사들과 관계없이 자신들이 먼저 신앙공동체를 세우고 선교사를 찾아와 세례를 요청한다는 것은 놀라움 그 자체였다.

이렇게 해서 만나게 된 하위렴 선교사로부터 1904년 세례를 받음[6]으로 동련교회가 지역 교회사의 수면 위로 드러나게 되지만, 실제로 동련교회는 예배처소를 세웠던 1901년을 설립연도로 지키고 있다.

---

[6] 하위렴 선교사가 1904년 9월에 군산에 부임한 것으로 비춰볼 때 학습과 세례는 9월 이후인 것으로 보인다. 하위렴의 1차 군산 선교는 1904~1908년이었고, 2차 군산 선교는 1915~1928년이었다. 백낙규의 장로 장립은 2차 군산 선교 시기였다.

아무튼, 백낙규가 신우들과 함께 세운 동련교회는 선교적 지원이 전혀 없는 상태에서 시작되었을 뿐만 아니라 평신도 중심의 자생적 신앙공동체였다는 사실은 참으로 놀랍기만 하다.

흔히들 백낙규의 개종을 말할 때 마치 오긍선의 권면을 받고 개종한 것처럼 전해지는데[7]이는 잘못 알려진 것으로 보인다. 이미 앞에서 언급한 것처럼 백낙규가 1901년부터 예배모임을 가졌다면, 그 이전에 이미 예수를 영접한 것으로 짐작이 된다.

그러나 오긍선은 배재학당[8]을 졸업하던 1901년 8월부터 침례교 선교사 스테드만 Frederick W. Steadman의 어학 교사로 일을 하다가, 그해 연말에 아버지 오인묵이 사는 군산에 내려와 1902년부터 군산 선교부에서 선교사들에게 우리말을 가르쳤다.

그러나 백낙규의 예배모임은 오긍선이 군산에 내려오기 전에 이미 시작된 것이 분명하므로, 오긍선의 전도로 예수를 믿게 되었다는 이야기는 순서에 맞지 않는다.

오긍선이 의료 선교사 알렉산더 박사에게 우리말을 가르친 지 몇 개월이 안 되어, 부친의 부음을 들은 알렉산더가 귀국하면서 오긍선을 미

---

[7] 연규홍, "예수꾼의 뚝심", 동련교회 90년사, 동련교회역사편찬위원회, 1990, pp.30
전영철, "믿음, 그 위대한 유산을 찾아서 I ", 선교횃불, 2013, pp.135
연규홍, "생명나무에 이르는 길", 한신대학교출판부, 2009, pp.71
[8] 개교 당시, 국한문학과, 영문학과, 신학과 등 3개 학과로 시작했으나, 초기 학생들은 대부분 영어를 배우러 학교에 등록했다고 한다. 이승만과 오긍선도 영어과를 졸업했다.

국으로 데려가게 된다.

그 후 오긍선이 미국에서 의사가 되어 다시 군산에 돌아온 해가 1909년이었다. 그러나 백낙규는 이미 1904년에 세례를 받은 것으로 보아 세례 역시 오긍선과는 전혀 무관해 보인다.

"동학보다 예수를 믿는 것이 나라를 사랑하는 첩경이다"라는 말은 오긍선이 미국에서 돌아와 의료선교사로 순회 진료할 때, 장터에서 만난 동학도들을 전도하며 외치던 구호로 여겨진다.

그가 순회 진료하며 전도에 힘쓴 일은 분명하지만, 이 말을 듣고 백낙규가 예수를 믿게 되었다[9]는 말은 와전訛傳이 된 것으로 보인다.

그가 처음 누구를 통해 복음을 들었는지 분명하지 않지만, 하위렴 선교사를 통해 세례를 받았다는 것만큼은 확실하다.

보편적 가치와 사명을 깨닫다

청일전쟁과 러일전쟁을 승리로 이끈 일본은 조선에 군대를 주둔시키며 침략야욕을 드러내기 시작했다.

노골적인 내정간섭으로 문호를 열게 한 일본은 1905년 을사늑약을

---

9) 전영철, "믿음, 그 위대한 유산을 찾아서 Ⅰ", 선교횃불, 2013, pp.130

체결하며 국권을 강탈하고 있었지만, 정작 조선은 저항 한 번을 제대로 하지 못하고 합병의 수순을 따라가고 있었다.

황성신문은 1905년 을사늑약을 체결하던 '이날'의 비통함을 조선의 백성에게 이렇게 알렸다.

"동포여, 어찌 우리 이날을 땅을 치며 울지 않을 것이냐?"[10]

동학농민항쟁을 역사의 저편으로 묻어버린 지 10여 년이 지난 즈음 조선의 국권은 상실되고 말았다. 나라는 격동激動 그 자체였다.

전국 각지에서 봇물이 터지듯 의병들이 일어나기 시작하였고, 그동안 숨을 죽였던 동학 농민군의 잔여 세력들이 의병 활동에 다시 가담하기도 하였다.

이곳저곳에서 의분을 못 이겨 스스로 목숨을 끊는 극단적 선택을 하는 지사들도 속출했다. 그러나 백낙규는 잃어버린 나라를 마주하며 울분으로 안타까워하면서도 한줄기 소망을 버리지 않았다.

어수선한 정세 가운데서도 군산 선교부의 궁말교회(구암교회)는 전킨과 드루 선교사에 의해 점점 활기를 띠어가고 있었다. 선교사들이 가르치는 주말 성경공부에 참석하기 위해 몇십 리 떨어진 지경, 오산, 임피, 웅포 심지어 김제 등지에서부터 걸어와 참석하고, 때로는 하룻밤을

---

10) 황성신문의 주필인 장지연이 1905년 11월 20일 황성신문에 올린 사설의 제목 '시일야방성대곡'(是日也放聲大哭)은 '이날에 목놓아 크게 우노라'라는 뜻이다.

묵기도 하며 주일예배를 드리고 돌아가는 사람들도 있었다

백낙규도 선교부 인근의 장터에서 주말을 맞는 때가 생기면 그들과 함께 예배에 참석하기도 했다.

선교부가 주최하는 선교부 성경공부[11]가 영명학교에서 열리면 백낙규는 동련에서 궁말까지 매주 비가 오나 눈이 오나 그들이 손에 쥐어 준 쪽복음을 들고, 50리가 넘는 길을 한주도 빠지지 않고 참석하기도 했다. 영명학교 교장[12]으로 있던 인돈(William Linton) 선교사가 성경을 가르칠 때면, 부녀자들을 소달구지에 태우고 남정네들은 걸어 먼 길을 오갔지만, 아무도 힘든 내색을 하지 않고 오히려 기쁜 마음으로 열심을 냈다. 하나님 나라에 대한 소망으로 나라를 빼앗긴 아픔을 잠시나마 잊고, 공평과 정의가 이 땅에 실현되는 그 나라를 꿈꾸며 모두가 설레곤 했다.

"유다 족속아 이스라엘 족속아 너희가 이방 가운데서 저주가 되었으나 이제는 내가 너희를 구원하여 너희로 축복이 되게 하리니 두려워 말지니라 손을 견고히 할지니라"(슥 8:13)

백낙규는 이 백성이 추구해야 할 보편적 가치와 의미를 말씀에서 찾고 신앙공동체를 추구했으며, 무엇보다도 하나님의 나라를 이 땅에 임하게 하는 일에 헌신함으로 절망의 시대를 극복할 수 있다고 확신했다.

---

11) 남장로교 성경공부는 개교회 지도자 중심인 대사경회(Mission Class), 학습 교인 이상의 중사경회(Station Class), 개교회 차원의 희망자를 중심으로 하는 소사경회(Bible Class in the Outstations) 3단계로 나누어 실시했다. 백낙규가 참석한 영명학교 성경공부는 중사경회로 보인다.
12) 인돈 선교사는 영명학교에서 11년(1912-1923) 동안 교사로 섬겼으며, 후반 5년간은 교장으로 사역했다.

조직교회로서 자리가 잡히다

백낙규가 하위렴 선교사로부터 세례를 받은 뒤 동련교회는 매년 3~5명씩 수세자가 늘어 가면서, 조금씩 성장해 나가기 시작했다.

백낙규가 1912년 집사가 되면서 교회의 직제가 세워지기 시작했고, 그 이듬해 부위렴 선교사는 동련교회의 장로피택을 노회에 청원했다.

1913년 제3회 전라노회[13]에서 부위렴 선교사의 사찰구역인 익산 동련교회와 남차문교회, 한산의 다리목교회에 장로 1인씩 피택함을 허락했다.

1915년 백낙규가 장로로 장립되면서 마침내 동련교회는 조직교회로서 모습을 갖춰나가기 시작했다.[14] 백낙규 장로 장립 후 열린 첫 당회를 이렇게 당회록에 기록하고 있다.

조선야소교장로회 익산군 황등면 동련리 교회 조직당회 제1회 회록

"1915년 10월 12일 군산지방 선교사 하위렴 씨와 부위렴 씨가 이미 피택한 장로 백낙규 씨를 장립함으로써 동련 당회가 조직되다"

회장 하위렴
서기 백낙규

---

13) 1913년 8월 13일 제3회 전라노회가 목포 양동교회에서 노회장 마로덕(Luther O. McCutchen) 목사의 사회로 열렸다.
14) 동련교회가 조직교회가 될 때 당회장은 하위렴, 노회장은 부위렴 선교사였다.

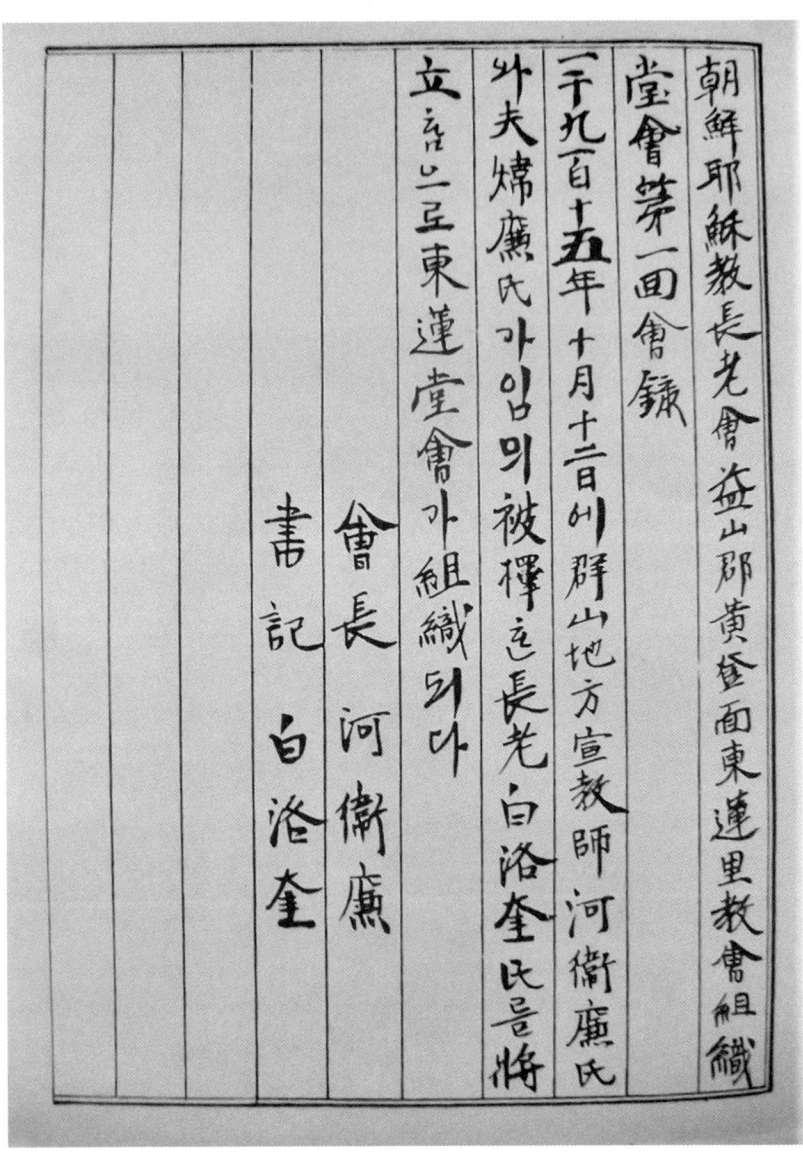

백낙규 장로의 친필로 쓰인 동련교회 제1회 당회록

2. 예수꾼 공동체, 동련교회

1990년도에 발간된 '동련교회 90년사'의 책 제목이 『예수꾼의 뚝심』이었다. 지역교회의 교회사를 다룬 책의 제호題號치고는 조금은 생소했지만 흥미로웠다.

〈꾼〉의 사전적 의미는 사냥꾼, 장난꾼과 같이 어떤 일을 전문적으로 하거나 습관적으로 하는 사람 혹은 구경꾼, 일꾼과 같이 어떤 일 때문에 모인 사람을 뜻하는 접미사이다.

그렇다면 예수꾼은 예수로 말미암아 모인 사람 즉 예수 공동체를 의미하는 것으로 '기독인' '크리스천'과 같은 말을 대신한다 해도 전혀 의미가 손상되지 않고, 오히려 소박하지만 조금도 어색하지 않게 들린다.

남에게 불리는 이름은 곧 그 사람의 정체성과 연결이 되고, 그 이름 때문에 삶이 바뀌는 사례가 성경에도 곧잘 등장한다. 마치 예수께서 시몬을 게바 혹은 베드로로 바꾸어 불러주심으로 그의 삶과 사역의 줄거리가 정해졌던 것처럼 말이다.

"예수께서 보시고 가라사대 네가 요한의 아들 시몬이니 장차 게바라 하리라 하시니라 (게바는 번역하면 베드로라)" (요 1:42)

베드로는 그의 이름대로 주초柱礎같은 삶을 살았고, 복음을 전하며 구원의 문을 여는 열쇠의 사명을 감당하며 살았다.

사실 예수꾼이라고 불리던 공동체는 안디옥 교회가 최초였다.

"바나바가 사울을 찾으러 다소에 가서 만나매 안디옥에 데리고 와서 둘이 교회에 일 년간 모여 있어 큰 무리를 가르쳤고 제자들이 안디옥에서 비로소 그리스도인이라 일컬음을 받게 되었더라" (행 11:25-26)

예수처럼 생각하고 예수처럼 말하며 예수께서 가르치신 것들을 따라 했던 안디옥교회 성도들이 그리스도인(크리스천) 곧 예수꾼으로 불린 것처럼 내가 예수꾼으로 불린다면, 나 역시 예수꾼으로 살아야만 하지 않을까?
'예수꾼의 뚝심'이라는 교회사의 제호題號에 담아내고자 한 것은 실천적인 신앙을 통해 예수를 닮고자 했던 동련교회 성도들의 다짐과 바람을 표현한 것이라 여겨진다.

공동체의 정체성을 세우다

동련교회 초기 공동체는 일제 강점기와 맞물리며 수탈이 노골화되던 시절이었다. 대부분의 농민들이 소작농으로 전락해 버린 것처럼 이 지역 역시 마찬가지였다.

높은 소작료를 떼어주고 얼마 남지 않는 양식마저 공출로 빼앗기고 나면 먹을 게 없었다. 먹을 것이라고는 고작 황토밭에서 거두어낸 고구마가 전부였다. 붉은 황토에서 캐낸 '황댕이' 고구마마저 없었더라면 아사餓死를 면하기 어려웠을지도 모른다.

솥에서 쪄낸 고구마 한두 개로 배고픔을 달랬고, 보릿고개를 겨우 넘기면 쌀이라고는 한 톨도 들어가지 않은 꽁보리밥으로만 길고도 긴 여름을 연명해야 했으며, 그나마 하루 세끼조차 제대로 먹지 못하는 날이 비일비재했다.

교회에 다닌다고 해서 별다른 뾰족 수가 없었다. 궁벽했던 그 시절, 그렇게 어려운 형편에서도 성도들은 한마음으로 교회에 헌금을 구별해 드렸다. 90년사에 기록된 노영재 장로의 회고는 읽는 이로 하여금 눈시울을 적시게 한다.

"동련교회 교인들은 먹고 입는 것 그리고 산다는 것 모두가 주님의 것으로 따로 내 것이 없었다. 헌금이 무엇인지 몰라도 다 주님께 드려야 할 것이었다. 초기 교인들은 거침없이 자기의 소유를 내어놓아 교회건립과 계동학교 설립에 내어놓고, 주를 위한 열심과 뜨거움 그 하나로 살았다. 어떤 이는 땅을 내어놓고, 어떤 이는 쌀을 내고, 내놓을 수 없는 이들은 시간과 몸을 드려 교회에 봉사하고 헌신하였다"[15]

---

15) 연규홍, "예수꾼의 뚝심", 동련교회 90년사, 동련교회역사편찬위원회, 1990, pp.79

김정기 집사는 교회를 지을 때 자기 땅을 선뜻 드렸다. 생계를 꾸려나가기도 어려운 시절 농사짓는 농사꾼이 전답을 교회 부지로 내어놓는다는 일이 어디 쉬운 일이던가. 믿음이 없이는 할 수 없는 일이었다.

모든 것을 공출로 내주고 궁핍한 삶이었지만 예배당에 모이기를 힘쓰며, 기도하며, 서로 의지하고, 극복하면서 교회의 성장을 이뤄나갔다. 초대교회 공동체를 이루었던 예수꾼의 모습이 그대로 이곳에도 재현이 되고 있었다.

"믿는 사람이 다 함께 있어 모든 물건을 서로 통용하고 또 재산과 소유를 팔아 각 사람의 필요를 따라 나눠주고 날마다 마음을 같이하여 성전에 모이기를 힘쓰고 집에서 떡을 떼며 기쁨과 순전한 마음으로 음식을 먹고 하나님을 찬미하며 또 온 백성에게 칭송을 받으니 주께서 구원받는 사람을 날마다 더하게 하시니라" (행 2:43-47)

접미사 〈꾼〉을 붙여 사용하는 말은 자기 자신을 스스로 부르는 표현보다는 남이 나를 불러주거나 혹은 내가 남을 부를 때가 훨씬 더 어울린다. 왜냐하면 〈꾼〉이 될 수 있는 자질의 여부는 다른 사람들이 먼저 알아보기 때문이다.

동련교회 초기 공동체를 이룬 성도들의 면면을 살펴보면, 그야말로 그들을 예수꾼이라고 부르는 것 외에는 달리 표현할 적절한 말이 없어 보인다.

계몽에 앞장서며 전도의 기회로

믿지 않던 시절, 술 하면 백낙규라고 할 정도 두주불사斗酒不辭. 들고는 못 가도 마시고는 간다가 그의 입버릇이었고, 농한기 구석방에서 모여 투전하는 곳에도 기웃거리던 그였다.

그가 예수를 믿기로 작정한 뒤로는 자신의 심령에서부터 하나님의 영적 통치가 있음을 보여주고자 했다. 매서인 송군선과 그의 몇몇 교우들과 함께 예배모임을 시작한 뒤로는 술과 담배를 그날로부터 끊었다. 자신이 먼저 성경 말씀대로 경건한 생활을 하기로 작정했다. 그리고 마을을 돌며 우상숭배와 구습을 앞장서서 타파해 나갔다.

농한기를 맞아 노름꾼들이 모이는 사랑채에 백낙규는 돌며 노름을 말렸다. 소작농으로 살며 얼마 되지 않는 양식마저 노름으로 날려 버리고, 처자식마저 굶주림과 고통 속에 팽개쳐 둔 채 어렵게 사는 사람들이 많았다. 노름방 주변에는 으레 사람을 끌어들여 돈을 빌려주고 고리로 뜯어내는 악덕 불량배들까지 함께 모여 있어, 노름판에 잘못 발을 들여놓았다가는 집과 전답을 다 날리기 일쑤였다. 언젠가 교인 한 사람이 노름판에 있다는 이야기를 전해 들은 백낙규는 곧장 그곳으로 달려갔다. 그의 팔을 잡아 끌어내려다가 그 자리에 있던 동네에서 소문난 불량배와 시비가 붙었는데, 누가 봐도 영락없이 백낙규가 봉변을 당할 참이었다. 흐트러진 노름판에서 백낙규는 골패 하나를 입에 물고 깨물어 조각을 냈다. 망치로 내려쳐도 잘 깨지지 않는 골패를 깨물어 그 깨진 조각을 상대

제4장 백낙규와 동련교회 139

방의 면전에 뱉어 버리자, 시비를 걸었던 불량배는 뒤도 돌아보지도 않고 줄행랑을 쳤다고 한다.

오랫동안 아무도 근절시킬 수 없었던 악습들을 타파하기 위해 무엇을 해야 하는지를 예수꾼이 되어 몸소 보여주었다.

초기교회가 세워지던 그 시절에만 해도 지금 우리가 상상하는 것 이상으로 훨씬 미신과 무속신앙이 심했다. 하위렴 선교사가 순회사역을 하던 중 하루는 동련 마을에 들렀다.

교회의 종이 마을 입구 커다란 나뭇가지 위에 뜬금없이 올려져 있는 것이 아닌가? 마을 사람들이 신성하게 여겨 정월 보름이 되면 마을의 안녕과 번영을 기원하기도 하고, 소원을 빌거나 재해를 막아달라고 빌기도 하는 당산나무[16]였다.

선교사가 마을에 순회 중이라는 이야기를 들은 마을 사람들이 달려나와 하위렴을 향해 고함을 지르며, 예수쟁이들이 나무에 깃들인 수호신을 쫓기 위해 교회의 종을 그 위에 올려놓았다고 따지듯 푸념을 늘어놓기도 했다.

교회의 종이 귀신을 물리쳐줄 것이라는 생각으로 나무 위에 올려놓았다는 이야기를 듣고, 하위렴 선교사는 그것이 비록 성경적이지는 않

---

16) 마을 전반의 일에 관여하고 마을을 지켜준다는 수호신이 마을에서 가장 오래된 나무에 주로 살고 있다고 믿었다. 색동의 천과 금줄을 드리워 화장을 시키고 당산나무 앞에는 소원을 비는 돌무덤이 있기도 했다.

왔지만, 자신이 뭐라고 충고할 수도 없었다고 선교잡지에 솔직한 느낌을 술회해 놓았다

이 마을을 순회하며 자신의 눈에 비친 소감을 소상히 기록하면서, 미신과 무속에 사로잡힌 마을 사람들을 이끌어내기 위한 동련교회 교인들이 시도한 퍼포먼스로 이해하고, 사진까지 찍어 재미있게 소개하고 있다.

백낙규와 초기 교인들은 미신을 버리지 못하는 마을 사람들을 계몽하기 위해 할 수만 있다면, 어떤 수단을 동원해서라도 시도하겠다는 계몽의 의지를 보여준 일화라고 생각이 된다.

Church bell in tree, once the supposed abode of the village spirits, at Tongyung, Kunsan Territory, Korea.

마을의 수호신이 살고 있다는 당산나무 위에 올려놓은 교회의 종[17]

---

17) W. B. Harrison "Light and Shadows of Itinerating in Korea" *The Missionary Survey*, Oct. 1915, pp.730 (동련의 영문표기를 Tongyung으로 했으며 군산선교부 관할임을 표기해 놓고 있다.)

군산선교부의 선교사들에 의하면 그 당시는 호열자라 불리던 콜레라가 돌아, 많은 사람이 죽어 나가는데도 쥐를 부리는 귀신이 호열자를 일으킨다고 생각하는 사람들이 많았다고 한다.

환자가 생기면 쥐 귀신을 내쫓아야 한다고 고양이 그림을 걸어놓고 바가지를 긁어 소리를 내는 것이 고작이었고, 그래도 안 되면 무당을 불러 굿을 하는 것이 유일한 처방이었다고 한다.

호열자로 많은 사람들이 죽었지만, 선교사들은 한 사람도 호열자에 걸리지 않았다. 물을 끓여 마셨기 때문이었다.

이처럼 위생에 대해 상식적인 개념조차 없이 고통당하며 사는 무지한 사람들이 대부분이었다. 부적을 집안 곳곳에 붙이고 사는 사람, 신줏단지를 구석에 모셔놓고 날마다 절을 하는 사람, 불상이나 탱화를 걸어놓고 복을 비는 사람, 각양각색의 우상과 무속신앙이 집집마다 뿌리 깊이 내려 있었다.

여기서도 동련교회 교인들은 예수꾼의 정체성을 드러내며, 이런 이웃의 형편과 주변의 상황을 전도하는 기회로 삼기도 했다.

교인들이 중심이 되어 각 가정을 찾아다니며 부적을 떼어내기도 하고, 우상을 내다 버리도록 계몽하기도 했고, 예수 믿고 하나님의 자녀가 되면 귀신에 얽매여 살 필요가 없다고 권면하기도 하면서, 주변 이웃들을 조금씩 교회로 끌어들여 자리를 넓혀 나갔다.

말씀을 실천하며 본을 보이고

하위렴 선교사는 자신의 순회구역 안에 있는 교인들의 신앙과 교회생활도 들려주면서, 백낙규의 이야기도 흥미롭게 전하고 있다[18].

"그 당시 장터의 상인들의 대부분은 일주일 내내 일하고 있었지만, 예수를 믿고 신앙생활을 하는 백낙규는 아무리 매상이 저조해져도 주일성수의 원칙만큼은 꼭 지킨다고 했다. 그뿐만 아니라 장터의 상인들 가운데는 상품의 품질과 가격을 속이는 자들도 있었지만, 그는 고객을 속인 적이 없었노라고 했다. 이렇게 5년 정도가 지나는 동안 그의 정직함과 신용이 온 장터에 점점 알려지게 되면서 오히려 장사가 더 잘 되었다고…."

하는 백낙규의 간증을 전하면서 '정직함이 영생의 삶을 보장받은 우리의 현재의 삶에도 이익을 가져다준다고 하는 예를 우리에게 보여주고 있다'라고 하위렴은 소개하고 있다.

그뿐 아니라 백낙규는 빈궁하고 헐벗은 사람을 보면 그냥 지나치질 못했다. 바닥이 보이는 뒤주에서라도 곡식을 퍼다 내주기도 하고, 입던 옷이라도 벗어주는 사람이었다.
어느 해에는 마을에 역병이 돌아, 어른 아이 할 것 없이 일가족이 모두 죽어 장례는 고사하고 시신屍身조차 묻지 못하는 상황이 발생했을 때도

---

18) W. B. Harrison, "Light and Shadows of Itinerating in Korea", *The Missionary Survey*, Oct. 1915, pp.731

백낙규는 망설임이 없이 나섰다. 믿지 않는 이웃이라도 염을 해서 장례를 치르는 일에 앞장서며 섬김의 삶을 보였다.

그는 마을의 일, 교회의 일은 물론 행상으로 객지의 장터를 돌 때도 어려움을 당한 이웃의 일에는 팔을 걷어붙이고 도왔다. 이런 선행이 인근 마을에까지 소문이 나서, 예수를 믿으려면 백낙규같이 믿으라는 말이 돌 정도였다. 백낙규의 이러한 선행으로 일가족이 교회에 나오는 일도 종종 있었다.

윤리적 기준에 맞춰 권징까지도

백낙규와 초기 교인들이 말씀대로 살려고 했던 것처럼 동련교회는 교회공동체로서 가져야 할 윤리적 기준을 엄격히 적용했다. 교인으로서 우상숭배를 한 자, 주일성수를 불성실하게 한 자, 간음하거나 축첩한 자, 남의 것을 훔친 자 등 성도로서 세상 사람들의 손가락질을 받는 경우가 생기면 당회의 이름으로 치리하여 단호히 책벌하고, 교회공동체가 세상과 무엇이 달라야 하는가를 보여주었다.[19]

"추가사로 조○○, 황○○, 김○○의 처는 학습인인 바, 제7계명을 연구年久토록 범함으로 삭명削名키로 가결되다."
"이○○씨는 입교인으로 불법하게 작첩作妾하였다가 버린 사실이 현로顯露 됨

---

19) 연규홍, "예수꾼의 뚝심", 동련교회 90년사, 동련교회역사편찬위원회, 1990, pp.65 재인용

으로서 본인이 완전히 회개의 성적이 나타날 때까지 책벌하기로 결정하여, 내來 11일 주일에 광고하기로 하다." (당회록 1권 제25회).

"박○○씨는 3년이 지나도록 주일을 지키지 아니하고, 작첩作妾하였다가 버림으로 제명하기로 작정하다."(당회록 1권 제33회).

이처럼 동련교회는 초기교회 시절부터 교회의 순결을 지키고자 했던 노력의 흔적들이 곳곳에 보인다. 장로교의 권징 조례가 밝히고 있는 것처럼 엄격한 신앙훈련을 통해 권징의 목적을 실천하려 했다.

"교인됨의 의미를 분명히 밝힘으로 하나님께 영광을 돌리고, 공동체 안에서 각 사람을 말씀으로 양육시킴으로 교회의 순결성을 보존하며, 잘못을 저지른 개인으로 하여금 회개하도록 함으로서 교회의 일치를 회복하는데 있다"

이처럼 권징을 통해서도 교인들의 내적 신앙을 다져가는 한편, 실천하는 믿음으로 이웃에게 모범을 보이는 예수꾼 공동체로 자리를 잡아가기 시작했다.

3. 해방 이전까지 동련교회를 섬겨온 목회자

백낙규가 하위렴 선교사로부터 세례를 받은 1904년부터 동련교회는 군산 선교부 동부 시찰에 소속이 되어 순회지도를 받았다.

1908년 안식년을 맞은 하위렴 선교사가 자리를 비우자, 그가 맡았던 동부 시찰의 순회사역까지 부위렴 선교사의 몫이 되었다.

유창한 우리말 설교와 음악적 재능이 탁월했던 그는 교회음악이 예배에 없어서는 안 되는 영적 교통의 매체媒體임을 강조하며, 순회하는 교회마다 성가대가 조직될 수 있도록 지도하는 한편, 영명학교 학생을 중심으로 관현악단을 조직해 농촌순회 전도에 활용함으로써 새 신자를 이끌어 내는 선교적 수단에 음악이 얼마나 효과적인지를 보여주기도 했다.

동련교회를 순회하던 부위렴 선교사는 1912년 백낙규를 집사로 세우고, 그 이듬해에 곧바로 그를 장로로 피택했다. 이렇게 피택이 된 백낙규는 1915년 안식년을 마치고 돌아온 하위렴 선교사에 의해 장립이 되면서 동련교회는 조직교회로 출범하게 된다.

비록 동련교회가 조직교회가 되었다고는 하지만 대부분 교인은 교회 생활에 생소했다. 왜냐하면, 이 당시 교인이 된다는 것은 신앙생활은 물론 교회 안에서의 활동까지도 다분히 새로운 훈련이 필요한 일이었기 때문이었다.

이처럼 교회 생활에 익숙하지 않았던 초기 교인들에게 순회선교사들은 예배의 모범을 가르쳤고, 직분자를 세워 교회의 직제와 기능을 알게 했을 뿐만 아니라, 나아가 향촌 사회에 만연된 폐습을 타파하기 위해 윤리적 삶을 강조하며 권징의 규례까지도 시행해야 했다.

이처럼 초기 선교사들은 문화적 충돌을 최소화하면서 그들이 뿌린 복음의 씨앗이 견고한 교회로 자라갈 수 있도록 최선을 다했다.

초기 동련교회를 섬기고 이끌었던 목회자들의 목회 방침과 활동을 다시금 살펴보는 이유는, 그들의 선교적 목표를 이루고자 했던 다양한 시도들이 지금의 동련교회로 자리매김하는 특징적 성향으로 면면히 남아 있기 때문이기도 하지만, 앞으로도 동련교회가 지향해 나아가야 할 교회의 방향과 목표를 새롭게 하는데도 교훈이 되는 요소들이기 때문이다.

하위렴 William B. Harrison

- 유니온신학교 Union Presbyterian Seminary 졸업, 트랜실바니아 Transylvania 노회에서 안수

- '장터선교의 개척자'로 '케리그마'Kerygma[20]를 강조한 목회자
- 제도적 교회로서 기틀을 다진 팔방미인의 선교사

하위렴William B. Harrison **선교사**[21]

---

20) 예수 그리스도를 통한 복음의 진수를 전하는 행위로 죄의 용서와 구원을 얻기 위해 예수를 믿으라는 초청이다. 하위렴 선교사는 사람이 많이 모이는 장터를 전도의 장소로 삼고 순회전도시 적극적으로 활용했다.
21) 켄터키 레바논에 소재한 Ryder Cemetry에 보관된 하위렴의 영정사진, Memorial ID. 113372929

하위렴의 군산선교부 사역은 두 차례에 걸쳐 있었다. 첫 번째 사역 (1904~1908)은 아내 데이비스가 죽고 나서 군산의 전킨과 사역지를 교환했던 시기였다.

전주선교부 소속 하위렴 선교사의 아내 데이비스의 갑작스러운 죽음은 전주 선교부를 넘어 남장로교 선교사 모두에게 커다란 충격을 주었다. 선교지에서 맞은 최초의 죽음이었기 때문이었다.

사랑하는 아내를 떠나보내고 하위렴은 가장 힘들고 어려운 시기를 맞고 있었다. 전주선교부 역시 크게 위축이 되고 있었다.

군산선교부 사정도 비슷했다. 1902년 군산 선교부 의료선교사 드루Drew A. Damer가 병으로 귀국하고, 후임으로 왔던 알렉산더마저 부친의 부음을 듣고 2개월 만에 돌아가 버린 데다 엎친 데 덮친 격으로 전킨마저 세 아들을 차례로 잃게 되자, 깊은 상심傷心의 그림자가 군산선교부에까지 드리워지고 있었다.

상황이 이쯤 되자, 선교부가 나서서 전킨과 하위렴 두 사람의 사역지를 서로 교환시켜 일단 선교부의 분위기를 안정시키고자 했다.

선교부의 방침에 따라 1904년 9월 군산선교부에 부임한 하위렴은 하루빨리 상처喪妻의 고통을 잊기 위해서라도 그는 자신에게 맡겨진 사역에 더욱 매진하고자 했다.

장터를 찾아다니며 복음을 전하던 하위렴 선교사가 백낙규를 극적으로 만나게 된 시점도 이 무렵이었다.

그 후 백낙규가 하위렴으로부터 세례를 받으면서 동련교회는 선교부의 정기적인 순회지도를 받기 시작했다.

그 이듬해 1905년 가을 하위렴 선교사는 '조선예수교장로회공의회'에 동련교회 설립을 보고했는데, 독노회가 조직되기 2년 전이었다.

교회설립을 보고한 그 이듬해인 1906년에 백낙규와 성도들은 힘을 모아 조금 더 넓은 초가 한 채를 매입해 예배당으로 확장하고 예배를 드렸으며, 그 이듬해인 1907년에는 2~30리나 떨어진 용산리에서 출석하는 교인들을 묶어 용산교회로 분립시키면서 기염을 토하기도 했다.

1908년 안식년을 맞은 하위렴 선교사는 미국에 돌아가 한국에서 이미 간호선교사로 사역하고 있던 에드먼즈 양과 결혼식을 올리고, 1909년 다시 한국에 돌아왔으나 군산이 아니라 선교사가 비어있는 목포선교부로 부임했다.

그 후 그가 다시 군산으로 돌아온 것은 목포선교부가 안정을 되찾은 후의 일로, 1915년 봄이 되고 나서였다. 가족과 함께 군산으로 돌아온 하위렴은 가정과 사역에 안정과 활기를 되찾고 있었다.

백낙규와 하위렴은 6년 만에 다시 만났다. 나이로 치면 하위렴 선교사가 백낙규보다 10살이 연상이었으나, 두 사람은 마치 죽마고우를 만난 것처럼 반가워하며 기뻐했다. 하위렴은 자신이 없는 동안 성장을 이룬 동련교회와 성도들을 대견스러워했고, 교회부설 계동학교까지 세우고 장로로 피택이 된 백낙규를 무척이나 자랑스러워했다.

장터에서 만난 그 시절부터 백낙규의 됨됨이를 살펴보던 하위렴은 군산선교부에 부임하던 그해 10월 백낙규를 장립하여[22] 동련교회를 이끌어가게 했다.

하위렴은 매년 봄과 가을 정기순회 때면 으레 세례와 성찬을 베풀고, 제직 임명은 물론 교적부 관리와 회계감사도 실시했으며, 한편 교인들이 범한 신앙적 잘못이 있을 때는 책벌로 치리하기도 하면서, 제도적 교회의 기틀을 다져 나갔다.

황재삼 목사가 1년여(1920~1921) 당회장으로 있었던 것을 제외하면 그가 건강상의 이유로 물러난 1925년까지 거의 15년 가까이 동련교회를 순회하며 돌보았다.

초창기 동련교회가 다양한 은사를 가지고 교회의 본질과 제도를 잘 가르친 하위렴 선교사의 인도 아래, 교회로서 틀을 갖추고 조직교회로 출범하게 된 것은 커다란 축복이었다.

1917년 10월 전라노회가 나뉘면서 전주 서문교회에서 제1회 전북노회가 회집될 때 하위렴 선교사는 백낙규를 임사위원에 추천했으며, 본인은 규칙위원이 되어 교회정치와 규칙에 익숙하지 않은 노회원들을 가르치며 이끌었다.

인생의 황금기를 거의 군산선교부에서 다 보냈다 해도 과언이 아닌 그는 1928년 은퇴 후 미국으로 돌아가, 그해 하나님의 부르심을 받았다.

---

22) 백낙규는 1913년 8월 10일 목포 양동교회에서 회집한 제3회 전라노회에서 부위렴 선교사의 장로 청원과 노회의 허락으로 장로로 피택된 상태였다. 안식년을 마치고 하위렴 선교사가 목포선교부에 부임했던 관계로 군산 동부 시찰에 속해있던 동련교회를 부위렴 선교사가 맡고 있었다.

황재삼

- 평양신학교 졸업, 전북노회 안수
- 민족의식을 일깨운 목회자
- 탁월한 설교자

황재삼 목사

동련교회 최초의 한인 목사로 기록되는 황재삼은 1882년 이 고장 웅포면에서 태어나 하위렴 선교사의 전도로 신자가 되었으며, 하위렴의 추천으로 평양신학교에서 공부하고 1920년 졸업과 함께 목사 안수를 받았다.

첫 목회지로 동련교회에 부임했으나 목회자가 턱없이 부족하던 시절이라, 고현교회와 웅포교회까지 함께 맡아 공동으로 사역하였다.

황재삼 목사의 절실한 목회 화두는 "나라를 빼앗긴 민족에게 구원의 길은 무엇인가"였다. 오직 예수로만 이 민족이 살 수 있을 것을 가르친 그는 목사 안수를 받기 전부터 힘이 있는 설교로 회중을 사로잡았으며, 훌륭한 설교자로 인정되어 인근 지역의 여러 교회를 다니며 사경회 강사로도 활약하였다.

총회에 남아있는 초기교회 목사들의 설교집에 그가 했던 한 편의 설교[23]가 유일하게 남아있어, 그가 추구했던 목회 비전을 전해주고 있다.

"저 베드로가 앉은뱅이의 구하는 은금을 아니 주고 예수의 이름을 주었듯이 우리도 세상이 구하는 은금이 아니라 먼저 예수의 이름, 곧 저의 죄를 대신하여 지신 십자가의 예수를 그들의 마음과 정신 속에 바로 넣어주고자 합니다. …(중략)… 한마음으로 십자가의 예수를 소유한다면 우리 민족의 살길이 열리리라는 것을 깨달아 알게 해 달라고 기도하는 바입니다"

---

[23] 황재삼, "우리는 주의 사람이 되자" (행 3:1-10), 목사대설교집, 대한예수교장로회 총회교육부, 1939, pp.491 (연규홍, "예수꾼의 뚝심", 동련교회 90년사, 동련교회역사편찬위원회, pp.166 재인용)

나라를 잃은 우리 민족, 가난한 조선 백성에게 필요한 것은 부귀권세, 영화, 성공이 아니라 오직 예수만이 살길임을 외쳤다. 하나님 나라를 믿음 안에서 찾도록 강조했으며 그 실천적 방안을 교인들과 함께 강구했다.

무엇보다 교육구국활동에 관심을 가진 백낙규와 뜻을 같이해 계동학교를 육성 발전시켰으며, 그가 고향 웅포교회로 옮긴 후에도 계동학교의 경험을 살려 교회부설 학교를 세워 민족교육에 힘을 썼다.

재임 중에 평양에서 이명해 온 계원식을 장로로 세워 백낙규 장로, 황계년 장로와 함께 교회를 이끌어갈 수 있도록 하는 한편, 그는 대외활동에도 적극적이어서 1931년 제25회 전북노회에서 노회장에 피선됨으로 전북지방 교회발전에도 크게 기여를 했다.

매요한 John McEachern

- 컬럼비아 신학교 Columbia Theological Seminary 졸업
- 체계적인 성경공부를 통한 제자양성
- 에큐메니컬 실천에 앞장서

매요한 John McEachern 선교사는 1884년 노스캐롤라이나주 훼잇빌 Fayetteville, NC에서 태어나 컬럼비아 신학교를 졸업하고 남장로교 목사로 활약을 했지만, 그가 목사 안수를 받기 전에는 캐나다 장로교회의 배경을 갖고 있었던 것으로 보인다.

매요한 John McEachern 선교사

1912년 9월 20일 내한한 그는 주로 순회전도자로 사역하며, 군산 서북지역과 충청 남서부지역을 맡아 주로 서천군과 부여군에서 활동을 했다.

무엇보다 매요한 선교사의 사역 중에 가장 인상적인 것은 성경 교사로서 활동이었다. 여권 사진으로 남아있는 그의 모습에서 보듯 100여 년 전에 활동했던 인물이라고 전혀 믿어지지 않을 만큼 수려하고 세련된 용모를 지닌 데다 재치와 유머까지 넘쳐, 그가 인도하는 성경공부는 언제나 웃음이 떠나질 않았다.

그 당시 선교부의 연례행사로 일 년에 한두 차례씩 주말 사경회가 선교부에서 개최되었는데 해마다 동련교회는 빠짐없이 참여했다.

1918년 구암교회에서 열린 사경회에는 동련에서 50리나 멀리 떨어져 있음에도 한 주로 거르지 않고 참여해 모범을 보인, 동련교회가 선교부로부터 표창을 받았는데, 이때 사경회의 강사는 구암교회 당회장을 맡았던 매요한 선교사였다.

하위렴 선교사가 안식년(1922~1924)을 맞아 자리를 비웠을 때 매요한 선교사가 동련교회를 맡았으며, 그 후 보이열 E. T. Boyer 선교사가 당회장 직을 떠났을 때(1935~1936)도 잠시 동련교회를 돌보았다.

그가 교회를 맡아 돌보는 동안 구연직 목사를 동사목사[24]로 청빙해 그를 훈련하기도 했다.

매요한 선교사의 재임 시 가장 눈에 띄는 것은 이명증서를 가져온 감리교인을 입교케 한 점이다.

동련교회사에도 이 사실을 언급해 둔 것을 보면 매요한 선교사가 교단과 교리를 문제 삼지 않고, 타 교단의 교인이라 할지라도 입교에 우호적 태도를 보였다는 점에 강한 인상을 받은 듯하다.

이것은 단순히 예양협정으로 조정된 선교구역에 충실했다는 점 이상으로, 매요한 선교사의 열린 신학적 이해도 한몫을 했으리라 짐작이 된다.

장로교와 감리교가 하나로 통합해 연합교회를 이루고 있는 캐나다 출신답게 타 교단에 대해서도 긍정적인 자세로 포용하고 있음을 보여주고 있다.

그의 사역과 활동은 오히려 편협한 교파나 지역주의를 경계하면서 연합과 대화를 강조하는 교회 일치운동Ecumenical을 지지했음을 짐작해 볼 수 있다. 작은 일 같으나 백낙규는 눈여겨보았을 것이다.

---

24) 동사목사는 한 교회를 같은 권리를 가진 두 명의 목사가 목회하는 경우의 목사를 말한다. 한국 초기교회 시절에는 선교사와 한국 목회자를 동시에 두고 한국 목회자가 선교사의 지도를 받는 예도 많았다.

박연세

- 평양신학교 졸업, 전북노회 안수
- 참여신앙을 몸소 보이며 민족구원에 앞장선 목사
- 구원의 복음이 하나님 나라의 복음으로 자라나야 함을 가르쳐

박연세 목사

　박연세는 1883년 김제군 백구면에서 농사꾼의 아들로 태어났다. 전킨 선교사가 만경강으로 전도선을 타고 들어와 복음을 전하던 시절, 그

의 아버지는 선교사들로부터 복음을 듣고 예수를 영접했다. 곧바로 그는 서당에서 한문을 배우던 아들을 영명학교에 입학시켰다.

영명학교를 다니는 동안 박연세는 자연스럽게 예수를 믿게 되었다. 학교를 졸업하자 고향에 내려와 학교를 세워 아이들을 모아 가르쳤다. 그의 활동과 실력이 선교사들에게 알려지자 모교인 영명학교에서 그를 교사로 초빙했다. 다시 영명학교에 돌아온 그는 학생들을 가르치며 민족의식을 심어주고, 신앙의 길로 인도하는 일에 힘을 쏟았다. 한편 그는 35세의 젊은 나이였음에도 불구하고 1918년 구암교회의 장로로 세워지면서, 교회 지도자로서 두각을 나타내기 시작했다.

1919년 영명학교 교사와 학생들을 중심으로 군산 3·5만세 운동을 주도하다가 체포되어 옥고를 치르던 중 옥중에서 주님의 소명을 들었다. 형기를 마치고 출감한 그는 39살의 나이에 노회의 추천을 받아 평양신학교에 입학했으며, 졸업하던 1925년에 목사 안수를 받았다.

첫 목회지로 고현교회와 동련교회 두 교회를 공동으로 맡아 사역하기도 했다.

동련교회에서 사역하는 동안 그는 교회의 운영을 모든 교인이 함께 참여하는 민주적 운영제로 바꾸고 교회 행정과 재정을 공개했으며, 1926년에는 교회를 증축하기도 했다.

예나 제나 교회건축은 목회자의 열정과 능력이 요구되는 손쉬운 일이 아님에도 불구하고 성공적으로 수행해 냈으며, 두 교회를 맡아 목회했으나 박연세 목사의 지도력과 인격적 감화에 힘입어 두 교회 모두 많은 성장을 이뤘다. 비록 박연세가 동련교회에서 사역한 기간은 2년 남짓이었으나 그의 민족주의에 대한 성경적 가르침은 젊은이들에게 큰 영향을 주었다.

그 후 목포 양동교회로 옮겨 사역하는 동안 노회장을 4번씩이나 역임하는 등 노회의 발전에도 커다란 활약을 하였으나, 신사참배를 거부하며 줄곧 천황의 신격화에 반대하는 설교를 하다 다시 수감되어 옥고를 치르다, 해방을 일 년 앞둔 1944년 옥중에서 안타깝게 순교하고 말았다.

배교背敎가 강요되는 상황에서 교회의 순결을 지켜낸 그의 활동과 업적은 주기철 목사에 필적할 정도이지만, 웬일인지 그의 그늘에 가려 그만큼 알려지지는 않았다.

서슬이 퍼런 일제의 압박 속에서도 성도의 역할을 바르게 가르쳤으며, 하나님의 나라 백성으로서 어떻게 살아야 하는지를 몸소 보여준 박연세 목사와 같은 분들이 동련교회를 이어오셨다는 것은 크나큰 자랑이 아닐 수 없다.

박연세의 생전에 영향을 받은 제자로는 제헌의원과 전남도지사를 역임한 이남규(1901~1976) 목사와 신학자 서남동(1918~1984), 익산군 제헌의원 백형남(1915~1950) 등이 있다.

김중수

- 평양신학교 졸업, 전북노회 안수
- 주일학교를 강조하다

김중수 목사는 옥구 출생으로 2대 담임목사였던 황재삼과 평양신학교 동기(13회)였다. 그는 졸업과 동시에 이리교회에 청빙되면서 목회를 시작했다.

그 후 자신의 고향 옥구의 신덕교회로 옮겼다가 1926년 박연세 목사의 사임으로 공석이 된 동련교회에 부임했다. 그는 부임하자마자 주일학교에 큰 관심을 보이며 계동학교를 주일학교에 연계시키고, 인근의 어린이들까지 교회로 끌어들임으로써 한때는 주일학교 어린이들의 숫자가 어른을 웃돌 정도로 주일학교가 성황을 이루기도 했다.

이미 선교가 시작되어 한 세대가 지나고 있었기 때문에 신앙이 대물림되기 위해서는 자라나는 2세대를 교회로 끌어들여야 한다는 의견들이 제기되고 있던 시기였고, 선교부에서도 한국교회의 미래가 주일학교 교육에 있다고 보고 교사훈련과 교재개발에 힘을 쏟고 있을 때였다.

마침 남장로교 선교부 연례회의에서 주일학교 사역의 지도자를 양성할 목적으로 1928년 LA에서 개최된 '세계주일학교대회'에 한국대표를 참가시키기로 결정했는데, 그때 떠오른 인물이 주일학교 사역에 관심을 가지고 동련교회 주일학교를 부흥시켜온 김중수 목사였다.

김중수 목사가 그해 제물포를 출발해 고베를 거쳐 16일간의 긴 항해 끝에 샌프란시스코에 도착한 것이 그해 7월 20일이었다. 마침 32년 한국선교를 마치고 귀국하는 하위렴 선교사와 두 번째 안식년을 맞는 인돈William A. Linton 선교사가 김중수 목사와 동행했다.

김중수 목사가 '세계주일학교대회'에 참가했을 때만 해도 LA 지역에 목회자는 물론 교민조차도 희소했던 시절이었다.

한국에서 온 목사가 '세계주일학교대회'에 참석하고 있다는 소식을 들은 교민들은 서둘러 김중수 목사를 붙들고 한인교회를 세우고자 그를 담임목사로 청빙했다. LA에 최초 한인 장로교회요, 미주 교민사회에 어머니 교회로 불리던 나성 한인연합장로교회는 이렇게 출발하게 된다.

결국, 교인들의 강권을 뿌리치지 못한 김중수 목사는 귀국을 포기하고, 이 교회에서 초대목사로 1928년부터 1936년까지 시무했다.[25]

이야기를 다시 동련교회로 돌려 보자. 김중수 목사가 재직하던 1928년 봄 계원식 장로를 포함한 일부 교인들이 교회분립을 시도하며 노회에 분립 청원을 하고 있었다.

마침 김중수 목사가 부임해 겨우 안정을 찾아가던 무렵이었기 때문에 시기도 시기였지만, 그보다도 분립해 가겠다는 지역이 동련교회와 너무도 가까워 노회에서조차도 분립을 허락할 수 없는 형편이었다.

---

25) 미국장로교 한인교회 협의회, '미국장로교 한인교회사'(1972-1996), 한국장로교 출판사, 1999, pp.39

분립 청원을 접수한 전북노회에서도 이 분립 안을 놓고 숙고했다. 청원 당사자들을 여러 차례 만나 노회 내규와 교회 상황을 설명하고 일단 거리상의 이유를 들어 반려했으나, 계원식의 끈질긴 요청과 당회장인 김중수 목사의 묵인(?)하에 교회분립을 허락하고 말았다.

교회 이름으로 22회 정기노회(1928. 5)에 올라온 분립 청원을 가결하는 데는 긴 시간이 필요 없었다.

김중수 목사 자신은 '세계주일학교대회' 참가를 위한 준비로 분주해 분립문제에 더 신경을 쓰고 싶지 않았을 수도 있었겠지만, 아무튼 자신은 출국을 핑계로 교회를 사임하고 그해 7월 미국으로 건너가고 말았다.

그러나 교회는 미처 준비되지 않았던 분립으로 인해 교인들과 함께 크게 상처를 입었으며, 그 후로도 교회가 아픔을 완전히 회복하는 데는 상당히 오랜 시간이 걸렸다.

보이열 Elmer T. Boyer

- 루이빌신학교 Louisville Seminary 졸업, 아칸사스 Arkansas 노회에서 안수
- '디아코니아' Diakonia 섬김을 가르친 목회자
- 성찬을 강조하다
- 애양원과 한센인 자립 마을을 섬기다

보이열 Elmer T. Boyer 선교사는 1893년에 미시시피강의 강변 도시 일리노

보이열 Elmer T. Boyer 선교사

이주 퀸시Quincy, IL에서 태어났다. 루이빌대학에서 공부하고 1918년 루이빌 신학교를 졸업한 그는 알칸사스 주에서 잠시 목회를 하다 1921년에 선교사로 파송받아 내한했다. 초기 선교사들보다 한세대 정도 지나서였다.

전주선교부로 부임해 그가 처음 시작한 선교 활동(1921~1940)은 전주 동부지역인 무주, 진안, 장수지역의 순회전도였다. 속칭 '무진장'으로 불리는 이 지역은 높은 산들로 둘러쳐진 고원지대로 하늘만 빼꼼히 보이는 오지였지만, 그가 맡아 순회한 교회가 자그마치 65개나 되었다.

오직 걸어서만 순회가 가능한 교회가 대부분이어서 험준한 비탈길을 장거리 도보로 순회하다가 발톱이 빠진 적도 여러 차례 있었다고 한다.

그는 청소년 사역에 탁월한 은사가 있어서 산골 마을의 청소년들을 모아 성경을 가르쳤으며, 환등기를 켜고 들려주던 성경 속 인물 이야기는 밤이 깊어도 청소년들이 예배당을 떠나지 않을 정도로 인기가 있었다고 한다.

그는 6주 정도에 겨우 한 번이나 숙소에 들어올 정도로 순회 전도에 열정을 보였으며, 그가 전도한 자가 자그마치 일 년에 평균 300명 정도나 되었다는 것은 그의 뜨거운 구령열을 짐작해 볼 수 있는 대목이다. 그는 일제에 의해 강제추방이 되는 순간까지도 농촌 순회 전도에 최선을 다하였다

동련교회에서 사역하던 시기는 바로 이 무렵이었다. 마침 계원식 장로가 황등교회로 분립해 나가고 김중수 목사마저 사임해 당회에 공백이 생기자, 군산선교부에서는 급하게 그를 동련교회 당회장으로 충원시켰다.

보이열 선교사는 부임하자마자 급한 불을 끄기 위해 등판한 구원투수처럼 장치오 집사를 장로로 세워 공백이 생긴 당회를 보완하고, 예상치 못한 분립의 후유증으로 힘들어하는 교인들을 위로하고 격려하며 교회를 정비했다.

그는 말씀 중심의 예배에 못지않게 성찬을 강조했으며, 성찬을 통해 예전禮典 형식 안에 담긴 섬김Diakonia의 본질을 가르치고자 부단히 노력했다.

> "… 축사하시고 떼어 이르시되 이것은 너희를 위하는 내 몸이니 이것을 행하여 나를 기념하라 하시고 식후에 또한 그와 같이 잔을 가지시고 이르시되 이 잔은 내 피로 세운 새 언약이니 이것을 행하여 마실 때마다 나를 기념하라 하셨으니 너희가 이 떡을 먹으며 이 잔을 마실 때마다 주의 죽으심을 그가 오실 때까지 전하는 것이니라" (고전 11:24-26)

그는 1940년 선교사들이 일제에 의해 추방될 때 강제 송환되었다가, 1945년 해방이 되자마자 곧바로 다시 들어와 선교부 재건을 위해 필사적인 노력을 기울이기도 했다. 그의 두 번째 선교사역(1947~1966)은 전주

가 아니라 순천에서 펼쳤는데, 윌슨Robert M. Wilson 선교사의 후임으로 애양원 원장을 맡아 한센인들을 위한 사역이 그것이다.

그리스도께서 보여주신 섬김의 도를 호남의 외진 땅에서 자신의 삶을 통해 오롯이 실천했다.

보이열 선교사가 동련교회 당회장을 맡는 동안 1930년 전주 예수병원에서 아들 보계선Kenneth E. Boyer을 출산했다.

그 후 보계선은 미국에 돌아가 학업을 마치고, 그 역시 선교사가 되어 1957년 다시 내한했다. 1961년 간호선교사로 활동을 하던 실비아Sylvia E. Haley양을 만나 결혼했으며, 부부 선교사로 광주에서 오랫동안 함께 사역하다 1980년 은퇴 후 미국으로 돌아갔다.

보계선Kenneth E. Boyer 선교사의 아들 디모데Timothy Boyer 역시 1962년 전주에서 태어나 미국에서 학창 시절을 보내고, 1992년 다시 한국에 들어와 사역을 이어감으로써 보이열 가문 3대가 내한 선교사로 섬기고 있으며, 보이열Elmer T. Boyer 선교사의 외손자 빌 무어William Moore도 한국인 아내와 함께 일본에서 선교사로 활약하고 있다.

구연직

- 평양신학교 졸업, 전북노회 안수
- 그리스도의 지체로서의 교회를 강조

구연직은 1891년 충남 부여에서 태어나 한일합방이 되던 무렵 서천의 만동학교에서 교사로 있으면서 복음을 들었다. 1926년 전북노회에서 전도사가 되어 충남과 전북지역에서 사역했다. 1936년 평양신학교를 졸업하고 첫 목회지로 황등교회와 동련교회를 맡아 섬겼다.

그가 동련교회에 부임하기 전, 전도사로 두동교회를 개척할 때 있었던 웃지 못할 일화가 있다.

성당면 최고 지주 박모 씨는 자손이 귀했다. 누군가 그에게 예수를 믿으면 자식도 얻을 수 있다는 말을 들려주자, 자기 아내가 집에서 십 리나 떨어진 교회에 나가는 것을 허락했다. 부인이 교회에 나가면서 임신이 되자 그는 뛸 듯이 기뻐하며 자기 사랑채를 교회에 내어놓고, 구연직 전도사를 모시고 예배를 드리며 두동교회가 시작되었다.

자식이 없던 문중에 아들이 태어났다는 소문에 마을 사람들이 교회로 몰려들면서 교회가 부흥하자, 박 씨는 자신의 ㄱ자형 창고를 예배처소로 개조해 예배를 드릴 정도로 열심을 냈다.

그런데 어찌 된 일인지 그의 어린 아들이 갑자기 이름 모를 병에 걸려 손을 써볼 겨를도 없이 죽고 말았다.

어렵게 얻은 아들이 죽자 박 씨는 크게 상심했는데, 이 와중에 엎친 데 덮친다는 식으로 인근에 살던 고모(월남 이상재의 며느리)까지 갑자기 상喪을 당하자, 믿지 않는 주변의 이웃들이 예수를 믿어 잘못되었다고 수군대기 시작했다.

마침 고모의 출상 일이 주일과 겹치자, 주일을 비켜 4일장으로 하자는 구연직 전도사의 제안에 박 씨는 분을 참지 못하고 터뜨리면서, 그동안 자신의 집에서 예배를 드려오던 교인들을 다 내어 쫓고 예배당마저 폐쇄해버리는 불상사가 생기고 말았다.

구연직은 얼마 남지 않은 교인들을 추스르고 교회를 지켜내면서 얼마 후 회복이 되었지만, 구연직은 목사가 되고 나서도 이때의 일을 평생의 아픔으로 새겼다.

그 후 그는 아무리 옳은 일이라 해도 자신의 주장을 내세우다가 관계가 깨지는 일만큼은 피하겠다는 원칙을 평생 지켰다고 한다.

교회사학자 김수진 목사는 구연직의 인품을 이렇게 기록했다.

"교회의 문제를 모두 부드러운 손길로 어루만지면 봄바람에 무르익은 눈과 같다는 지론이다. 그동안에도 여러 가지 애로와 난관이 없지 않았지만, 그때그때의 현실과 문제성을 잘 파악하여 미래를 살려는 지략의 사역자이기도 하다."[26]

동련교회사에도 보면 구연직 목사에 대해 3년 남짓 있었으나 온화하고 무리하지 않는 일 추진으로 일치와 성장을 도모한 목사라 평가해 놓았다.

---

26) 김수진, '황등교회 60년사', 황등교회역사편찬위원회, 1989, pp.56
   (연규홍, "예수꾼의 뚝심", 동련교회 90년사, 동련교회역사편찬위원회, 1990, pp.171 재인용)

그가 동련교회를 맡아 사역하는 동안 나라 안팎의 정세는 점점 어두운 전운이 감돌고 있었다. 1937년 중일전쟁이 시작되자 총독부에서는 한층 더 황민화 정책을 강화하기 시작했고, 이때부터 모든 학교에 신사참배를 강요했으며, 1938년부터는 아예 조선어 사용조차 금지했다.

일제의 감시와 통제를 받는 가운데 교회를 지켜내는 일이 무엇보다 중요하다고 여긴 그는 교회의 조직과 행정을 늘 원만하게 이끌고자 노력했다. 신사참배 결의(1938. 9)가 있기 바로 직전 구연직은 청주 제일교회로 자리를 옮겨갔다.

그는 전도사 시절 맛보았던 실패를 거울삼아 언제나 일보다 관계를 중시하며 교회를 이끌어 큰 성장을 이루었으며, 그 후 충북지역을 대표하는 목사로 자리매김을 했다.

1946년 충북노회 초대 노회장에 피선되었고, 1949년에는 세광중학교를 설립하여 세광학원의 초대 이사장을 맡았다.

1950년 김재준 목사가 기장으로 분리되어 나올 때 구연직이 기장을 택하자, 구연직을 따라 청주의 많은 교회가 기장에 속할 정도로 그의 영향력이 컸다.

훗날 그는 황등교회와 동련교회에서 목회했던 시절을 돌아보며 나라를 잃은 민족을 위해 교회와 자신이 해야 할 사명과 자세가 무엇인가를 분명하게 깨달아 알았으며, 특히 자신이 청주지역에 세광학원을 세우는 데 백낙규 장로와 계동학교로부터 큰 영감을 받았노라고 회고했다.

선교부 철수 이후 동련교회를 맡은 목회자들

초기교회로부터 해방 이전까지 동련교회를 지켜온 지도자들의 목회를 살펴보면, 동련교회만을 위한 하나님의 특화된 양육하심이 있지 않았나 생각이 들 정도로 교회의 본질과 제도를 조화롭게 잘 가르쳤다.

후대의 관점에서 보면 그리스도의 지체肢體된 교회를 세우기 위한 통과의례 과정의 필수적 학습이었다는 생각이 들 정도로 귀한 가르침들이었다.

태평양전쟁이 시작되며 전시체제가 강화되자, 내선일체를 내세워 신사참배를 강요하던 일제는 교회를 가장 걸림돌로 여기고, 급기야 1938년 평양 서문교회에서 열린 제27회 〈조선예수교장로회총회〉에서 신사참배를 강제로 통과시켰다.

출구를 가늠할 수 없는 캄캄한 터널을 지나야만 했던 이 시절, 수많은 목회자들과 성도들이 방황하는 가운데 혹독한 고초를 겪어야만 했다. 앞에서 언급한 박연세 목사처럼 끝까지 신사참배를 반대하다 옥중에서 순교의 길을 택한 분들도 있었지만, 안타깝게도 타협의 길을 걸었던 목사들도 적잖이 있었던 것이 사실이다.

이 시기에 동련교회와 황등교회를 공동으로 맡았던 김수영(1939), 이재봉(1941) 목사와 동련교회가 황등교회와 병합된 후 일본 기독교단의 목사로 부임했던 양윤묵 목사(1943) 역시 실존의 한계를 극복하지 못하고 부끄러운 모습을 보이기도 했다.

4. 핍박과 고난의 시절

신사참배의 강요 속에 교회가 해산되다

일제가 조선예수교장로회총회에서 신사참배 결의를 강제로 통과시키고, 이에 따라 가장 강경한 입장을 고수했던 남장로교 선교부마저 철수를 결정하자, 교계의 분위기는 말할 수 없이 침통했으며 목회자들 마저 크게 위축되어 아예 목회를 접고 칩거하는 목사도 있었다.

지역교회 자체만의 힘으로는 가능할 수 없는 압박을 뚫고 신앙의 순결을 지키기 어려운 상황이었다.

이 시기 동련교회를 다녀간 목회자들을 살펴보면, 김수영 목사(1939)의 뒤를 이어 이재봉 목사(1941)가 있었고 얼마 가지 않아 양윤묵(1943) 목사가 그 뒤를 이었다.

양윤묵 목사는 백낙규 장로의 소천 이후 황등교회와 병합한 교회에 부임했으니 동련교회 목사라고 할 수도 없으므로 일제가 교회에 신사참배를 강요하던 그 시기에 동련교회를 맡았던 목사는 김수영 목사와 이재봉 목사 두 사람이었다.

이 두 목사의 재임 기간이 각기 2년을 넘지 못하는 것을 보면, 목회 안팎의 환경이 목사로서 얼마나 감당하기 어려웠는지를 짐작해볼 만하다.
김수영 목사는 1938년 총회에서 신사참배가 결의될 때 전북노회 총대[27]로 참석하고 있었고, 전북노회에서 신사참배를 결의할 때도 그 자리에 있었으며, 그 이듬해 전북노회에서 군산노회가 분립될 때는 개회예배에서 기도를 맡기도 했다.
대부분의 다른 목회자들도 시대를 거스르기 어렵다는 판단 아래 황민화 정책에 자발적인 순응을 하고 있었다.

이런 상황에서 이리 제일교회를 사임한 김수영 목사가 공석이던 동련교회 담임목사로 위임을 받았다. 그는 부임하자 곧바로 박석동[28]을 장로로 세워 당회를 보강하며, 의욕을 보이기도 했으나 그는 얼마 지나지 않아 사임하고 말았다.
그가 사임한 이유에 대해서는 알려진 바가 없으나 그가 교회를 사임한 후 칩거한 것을 보면, 신사참배의 시국하에서 목회를 계속한다는 것

---

27) 1938년 9월 9일에 평양 서문예배당에서 개최된 제27회 조선예수교장로회 총회에 참석한 전북노회의 총대의 이름은 다음과 같다.
• 목사 - 김세열, 이창규, 곽진근, 이춘원, 구연직, 김수영, 고성모, 박승준
• 장로 - 양기철, 최영필, 최영옥, 송화익, 최극재, 백남철, 김득주, 양해근
28) 백낙규의 소천 후, 교회가 해산되고 일본 교단에 흡수되는 어려운 상황에서도 교인들을 돌보고 훗날을 기억하도록 소망을 불어넣기도 했다. 해방 후에는 교회의 재건을 위해 애를 썼으며 이 지역의 건준위원장으로 활동하기도 했으나 뒤늦게 신학을 공부하고 목회를 하기도 했다.

에 대한 자책감이 아니었나 생각이 된다.

김수영 목사의 뒤를 이은 이재봉 목사는 평양신학교를 졸업한 1938년, 바로 신사참배가 결의되던 그해에 안수를 받고 1941년 황등교회와 동련교회의 공동당회장으로 부임했다.

황등교회에서 열린 위임예배는 단상에 일장기가 걸리고, 동쪽을 향해 절을 올리는 궁성요배로부터 시작해야만 했다. 안타깝게도 황민화 정책은 교회에까지 깊숙이 들어오고 있었다.

창씨개명의 강요가 있자, 이재봉 목사는 이름이 바뀐다 해서 일본인이 되는 것은 아니라고 하며, 일단 불이익[29)]에서는 벗어나야 하지 않겠느냐는 생각을 교인들에게도 피력하고 자신이 앞장서 미창덕신米倉德信으로 바꿔 사용하였다.

창씨개명에 앞장서는 목사를 보며 장로들 역시 무척이나 고심했다. 불편한 진실이지만 자녀교육과 취직에 불이익을 주고, 지원물자 배급 대상에서 제외하겠다는 일제의 협박 앞에서, 장로들 역시 분루를 삼키며 창씨개명을 따라 하기도 했다.

---

29) • 창씨개명을 거부한 조선인의 고용 및 입사 등을 절대 금하며 창씨개명을 거부할 경우 해당자를 이유 불문하고 즉시 해고한다.
 • 입학을 불허하며 교육 대상에서도 전면 제외한다. 이를 어긴 교장 및 교직원은 즉시 학교에서 제명 및 해고 처리를 당하며 학생의 경우 즉시 정학 및 제적 또는 퇴학 조치를 한다. 학교 집단에서 거부할 경우 해당 학교를 폐교 조치한다.
 • 창씨개명을 거부한 조선인 승객은 모든 교통편 이용을 불허한다.
 • 조선인은 총독부에서 지원하는 물자 및 배급대상에서 제외한다.

어쨌든 창씨개명은 개인의 문제였지 아직 신앙 문제까지는 아니었다

한편 선교사들이 철수하고 난 이후 평양신학교는 일제의 지시에 순응하는 학교로 급속히 변해가고 있었다.

목회자들을 불러들여 전시체제 강화를 위한 시국교육을 실시하고, 목사들로 하여금 황국신민으로서의 자세를 가르치도록 종용까지 하면서 어용화에 앞장섰다.

여기에 발맞추어 이재봉은 자신이 얼마나 훼절毁折되어 가는 줄을 모른 채 시류를 따랐으며, 유학을 마치고 온 계일승[30] 역시 강연회 강사로 함께 쓸려 다녔다.

이재봉 목사는 어떻게 해야 위기에서 살아남을 수 있는가에 민감했다. 황등에서 의원을 하고 있던 계원식은 그의 든든한 후원자였다. 자신의 부일행각附日行脚의 인상을 어떡하든 덜어내기 위해서는 계원식 장로가 함께해야 했다.

계원식은 그 당시에도 아들을 미국에 유학시킬 정도로 면내에서도 소문난 부자였다. 교회도 황등면에 소재해 있어서 비록 동련교회에서 분립해 나가기는 했지만, 교인 수에 있어서나 재정에서도 동련교회를 압도하고 있었다.

---

30) 계원식 장로의 아들로 미국 유학을 마치고 이리 중앙교회를 담임하고 있었다.

기세가 등등했던 주재소에서도 면내 유일한 의사인 계원식과 황등교회의 가치를 알고 있었다. 쓸모가 있다고 판단한 주재소에서는 계원식을 '국민총력 황등기독교연맹' 이사장(1941)과 군산노회 '국민총력연맹' 이사장(1941)에 앉혔다.[31]

그리고 지역민을 동원하는 일이나 국방헌금을 하는 일에는 그를 앞세웠다. 애국기 헌납금, 사이판섬 황국옥쇄 기념 국방헌금, 국방헌금을 위한 하루 한 끼 절식 운동, 필승신념 기독신자 총궐기대회 참가(1945. 4. 8.), 유기그릇 헌납운동 등을 독려하며 협조하게 했다. 그의 성실한 협조(?)에 감복한 총독부에서는 후에 일본 육군 대장 도조 히데키[32]東條英機이름의 감사장을 보내오기까지 했다.

그뿐 아니라 그는 군산노회 '국민총력 연맹' 이사장 명의로 중일전쟁 4주년 기념행사(1941)를 주관하면서 정오 사이렌에 맞추어 1분간 침묵 기도로 출전 장병의 무운과 호국영령에 대한 감사의 뜻으로 천지신명(?)께 기도할 것을 독려하기도 했다.

더 나아가 그는 교회를 돌며 연합국에 대한 적개심 앙양 강연회(1943. 6. 11)에 참가하여 태평양전쟁을 대동아 성전으로 이해시키고, 황국신민의 본분을 다하자는 내용의 강연도 했다.

---

31) 한승진 "작은 불꽃, 기성 계원식의 삶과 신앙", 박문사, 2018, pp.152-157
32) 도조 히데키(東條英機, 1884~1948) 일본 제국의 군인, 정치인. 1941년부터 1944년까지 총리대신을 지냈으며 태평양 전쟁을 일으킨 A급 전범으로 손꼽힌다.

이재봉 목사는 계원식을 앞세워 자신의 부일附日에 대한 마음의 부담감을 덜어낼 수 있었고, 계원식은 의원醫院과 교회를 지켜낼 수 있었다. 혹자는 계원식이 창씨개명을 하지 않은 일을 두고 의미부여를 하지만 친일파들 가운데도 창씨개명을 하지 않은 사람도 많았고,[33] 청사에 빛나는 독립지사들조차도 상황에 따라 창씨개명을 하는 경우도 있었다.[34]

그는 창씨개명을 하지 않아도 자신과 가족들이 하등에 불이익과 피해가 없을 만큼 식민지 시절에도 경제적인 부요함을 누리고 있었다.

자발적으로 나서서 일제에 협력을 독려하는 일은 강압에 의해 어쩔 수 없어 협조하는 것과는 차원이 다르다. 그런 자리는 주어져도 피하거나 사절할 수도 있었다.

해방될 때까지 의원醫院의 한쪽 벽면에 걸어둔 도조 히데키東條英機의 감사장은 아무에게나 주는 것이 아니었다.

이재봉 목사가 동련교회와 공동당회장으로 시무하고 있었으나 실질적으로는 계원식의 든든한 후원을 받으며, 재정적으로 훨씬 넉넉했던 황등교회를 중심으로 목회를 하고 있던 터였다.

이와 같은 그의 공동목회 방식은 그렇지 않아도 두 교회를 병합시켜

---

33) 나무위키 인터넷 자료 '창씨개명' 참조
　 일본의 소설가 梶山季之(카지야마 토시유키)가 쓴 이조잔영(李朝殘影)과 이를 가지고 만든 임권택 감독의 영화 족보(族譜)에 이러한 당시의 모습이 잘 반영되었다. 카지야마는 실제로 식민지 조선의 경성 출신이었다.
34) 윤동주/히라누마 도주(平沼東柱), 이봉창/기노시타 쇼조(木下昌藏), 장준하/조안 슌가(張安俊河)

〈일본기독교조선교단〉에 두고자 하는 일제의 계획과 맞물리면서 병합의 논의가 한층 더 빠르게 진행되어 갔다.

두 교회의 병합은 계원식과 황등교회 측에서 보아도 하등의 손해가 없고, 목회자의 입장에서도 한 교회에 집중하는 것이 유리하다는 판단 하에 이재봉 목사의 적극적인 협조와 활약이 적잖이 역할을 한 것으로 보인다.

이재봉 목사는 동련교회의 해산과 황등교회와의 병합이라는 커다란 업적(?)을 남기고, 시골 황등을 떠나 대처인 군산 동부교회로 도피하듯 자리를 떴다.

아! 백낙규 장로의 소천

대부분의 교회 지도자들도 신사참배를 애써 국민의례 정도로 여기며 황민화를 대세로 받아들이고 있었다. 그러나 백낙규는 신사참배만큼은 허락할 수 없었다.[35]

그의 몸은 이미 병으로 쇠약해져 거동이 불편해진 상황이었고, 노회 활동에도 참석하기 어려워 외부와의 만남을 끊었다. 면내 총독부와 같은 황등 주재소의 순사들은 이러한 백낙규의 거동을 주시하면서, 병을

---

35) 1942년 4월 3일 동련교회는 당회에서 신사참배 거부를 결의했다.

핑계 삼아 협조에 불응하는 것으로 여기고, 백낙규와 동련교회를 요시찰 대상으로 지목했다.

그렇지 않아도 계동학교를 불령선인 양성소로 취급하며 개똥학교라고 부르기도 하고, 각종 규제로 묶어두고 늘 감시하던 터였다.

1917년 전북노회 창립 이래, 줄곧 백낙규는 노회 활동에 적극적이었으나 군산노회가 전북노회로부터 나뉘던 1939년 백낙규는 이미 노환이 찾아오고 있었다.

신사참배에 대한 총회의 결의로 선교사들마저 철수한 상태에서 1942년 〈조선예수교장로회〉가 해산되어[36] 일본 교단에 편입이 되자, 교계의 분위기는 무겁게 가라앉고 있었다.

인욕忍辱의 세월을 지내온 백낙규 역시 나이와 건강을 넘지 못하고 사그라들고 있었다. 그의 나이 예순일곱. 백낙규는 질려와 형극으로 뒤덮인 협착한 시대의 뒤안길을 쉼 없이 달려와, 1943년 6월 18일 숨 가빴던 행려行旅를 마감했다.

오로지 교회만을 생각하고 신앙인으로만 살고자 몸부림치던 그가 아니었던가? 그의 죽음은 고락을 같이했던 성도들은 물론 지역공동체의 슬픔이었다. 온 교인들은 비탄에 잠겼다.

---

36) 조선예수교장로회 총회는 1942년 10월 16일에 개최된 31회 총회를 끝으로 해산되었다.

나라를 잃고 사는 것도 억울한데 신앙마저 지킬 수 없는 어려운 시기에 교인들의 울타리가 되어 이끌어주던 백낙규의 죽음은 교회와 온 교인들을 암울하게 만들었다.

예기치 못했던 교회의 수난이 너무도 빨리 찾아왔다. 백낙규가 죽고 2개월 뒤 일제의 일방적인 결정으로 당회의 의결도 거치지 않은 강압적인 통보를 교회는 수용해야만 했다.

"소화 19년 3월 31일 동련교회는 시국하에 의하여 황등교회와 병합한 바, 교인 및 모든 재산까지도 합하되 현재 직원은 그대로 임무를 대(帶)하고 병합하라"[37)]

일제의 강압과 회유에도 불구하고 끝내 비협조적이던 동련교회는 결국 1944년 교회의 폐쇄와 더불어 황등교회와의 강제적인 병합 수순을 밟게 되면서, 동련교회는 이름조차 사라지고 실질적으로 해산이 되고 말았다. 병합된 황등교회는 일본 교단[38)]에 포함되고 말았다.

이 지역에 모(母) 교회였던 동련교회의 해산은 참으로 가슴 아픈 일이었다. 온 교인들은 눈물을 흘리며 이날을 안타까워했다. 황등교회가 동련교회로부터 분립해 나간 교회였음에도 오히려 동련교회를 황등교회에 병합시키고 있는 것은 일제의 교활한 책략에서 비롯되었다고 볼 수 있

---

37) 동련교회 당회록 2권, pp.33(연규홍, "예수꾼의 뚝심", 동련교회 90년사, 1990, pp.89 재인용)
38) 원래 이름은 '일본기독교조선교단'으로 일제 강점기 말기에 창립된 개신교 단일교단이다.

다.[39]

　신사참배에 비협조적이었던 동련교회와 민족교육을 힘써오던 계동학교를 눈엣가시로 여기고 있던 차에 동련교회를 폐쇄, 황등교회에 병합시킴으로서 부설 학교인 계동학교까지 함께 약화시킬 수 있다고 보았기 때문이었다.

　일제는 황등산 자락에 신사를 세우면서 이미 문이 닫힌 계동학교 후원회 지주석支柱石을 빼내 '皇紀 二千六百年'[40]이라 새기고, 일장기를 꽂아두는 기대석旗台石으로 사용했다. 돌의 고장 황등에서 많고 많은 돌중에 적당한 돌이 없어 동련교회와 계동학교를 뒤져 신사의 기대석旗台石으로 가져갔다는 것은 좀처럼 이해가 되지 않는다.
　생각해 보라! 그것은 동련교회와 계동학교의 탄압을 계획적으로 시도했음을 노골적으로 보여주는 증거가 아니겠는가? 이 돌은 해방 후 어떤 지역주민이 문설주로 사용하던 것을 우연히 발견해, 1988년 동련교회로 다시 옮겨와 신사참배로 말미암은 교회탄압의 역사 자료로 보관하고 있다고 한다.

---

39) 매년 황등주재소에 위문금을 전달하며 국방헌금을 기탁하던 황등교회와는 달리 비협조적인 동련교회를 지목하여 폐쇄하고, 황등교회에 병합시키고 말았다.
40) '皇紀 二千六百年'은 날조된 일본 천황의 기원 연도로 소화 15년(1940)에 해당한다. 이 해 총독부에서는 애국심을 고취하기 위한 다양한 봉축행사를 전국적으로 개최했다.

제 5 장

백낙규의 실천적 신앙의 전개

1. 영성의 변천과 사명의 재발견

하나님 나라에서 개벽을 보다

미국 소설가 나다니엘 호돈이 쓴 '큰 바위 얼굴'이라는 단편소설이 있다. 주인공인 소년 어니스트는 아침마다 창을 열고 산등성이 저 멀리서 자신과 마주하는 '큰 바위 얼굴'을 바라보며 하루를 시작했다.

오래전 부터 이 마을에는 큰 바위 얼굴을 닮은 위대한 인물이 나올 것이라는 전설이 전해 내려오고 있었다. 전설 속의 인물을 꿈꾸었던 소년 어니스트에게 큰 바위 얼굴은 그의 친구가 되었고 스승이 되어갔다. 어느덧 세월이 흘러 큰 바위 얼굴로 여겨지는 많은 인물이 이 마을에 나타났지만, 그러나 아무도 그들이 기다리던 큰 바위 얼굴은 아니었다.

그러던 어느 날…

설교자가 된 노년의 어니스트가 해 질 무렵 오래전부터 해오던 대로 야외에서 마을 사람들에게 설교하고 있었다. 이 모습을 보던 한 시인이

어니스트를 바라보며 소리 높여 외쳤다.

"보시오! 보시오! 어네스트야 말로 큰 바위 얼굴과 똑같지 않습니까?"

큰 바위 얼굴을 바라볼 때마다 전설 속의 인물과 자신을 일치시키며 꿈을 키우던 주인공 어니스트가 오랜 세월 자신의 내면에 키워온 꿈의 결실을 외부로 드러내면서, 결국 전설의 주인공이 된다는 줄거리로 한때 중학교 교과서에도 실린 이 단편소설은 많은 청소년에게 진한 감동을 주었다.

작가 나다니엘 호돈은 주인공 어니스트의 삶의 방향을 제시하는 영감의 원천으로서 큰 바위 얼굴을 소재로 사용하면서, 한 개인의 꿈을 현실로 이끌어 주는 동력은 결국 그 사람의 내면에 누적된 영성에서 비롯되고 있다는 점을 강조함으로써 인간이 완성되어가는 과정과 의미를 함축적으로 보여주고 있다.

작가는 영성의 의미에 접근하면서 초월적 계시에 의한 종교적인 삶 대신 경험적 실존을 바탕으로 한 영성을 제시함으로 진정성이 있는 인간 이해를 위해 보완적인 접근을 제시했는데, 후에 영성 신학자 쉘드레이크 Philip Sheldrake도 이점에 공감하고 "의거依據하며 살아야 할 준칙이자 가장 깊은 가치와 의미"로서의 실재를 영성이라 한다면, 영성은 종교적인 전통 안에서만 사용되는 원천적 의미뿐만 아니라, 그의 경험이나 그가 내면에 수용해 왔던 모든 가치 등을 온전히 포함할 때 인간의 삶 전체를 의미 있게 다룰 수 있을 것이라 주장했다[1].

19세기 말 후천개벽을 제시하며 조선 땅을 휩쓸었던 동학은 고통에 시달리던 백성들의 큰 바위 얼굴이었다.

백낙규 역시 자신이 추구해야 할 삶의 가치를 그 안에서 조탁彫琢하고 개벽의 현실화에 눈을 돌렸다. 그는 동학이 제시하는 개벽 세상의 실천적 과제를 수행하며 삼례기포에 뛰어들었다. 청년 백낙규도 개벽의 세상을 꿈꾸며 이미 내면에 자신만의 영성을 부화孵化시키고 있었다.

그가 참여한 우금치 전투는 동학농민항쟁의 최고조였다. 일본군과 맞닥뜨린 우금치 전투는 보국안민輔國安民을 외치며 전주성에 입성하던 2차 봉기 때와는 전혀 양상이 달랐다.

삼례기포에서 척양척왜斥洋斥倭의 기치를 들고 일본군에게 맞섰던 농민군의 함성은 우금치를 넘지 못하고, 참혹한 비명으로 바뀌며 일본군의 화력 앞에 한순간 허물어지고 말았다. 개벽의 신화는 물거품이 되고 조선을 흔들어 놓을 것 같았던 기개는 통한의 울부짖음으로 메아리치고 있었다.

우금치에서 패한 동학농민군은 일본군과 관군의 추격으로 뿔뿔이 흩어지면서 동학은 크게 움츠러들고 말았다. 농민항쟁을 실효적인 개혁으

---

1) Philip Sheldrake, "A Brief History of Spirituality", Willey-Blackwell, 2007. pp.1-2

로까지 연결하려 했던 남접과는 달리, 관망을 하고 있던 북접의 손병희와 그 지도부는 우금치 전투에서 동학군이 패배하자 이름까지 숨겨가며 재빠르게 일본으로 망명했다.

척왜斥倭의 결사結社로 시작했을 때 그토록 형형炯炯했던 구호를 무색하게 만든 보잘것없는 오합지졸烏合之卒 바로 그 모습이었다.

망명했던 지도부 안에서조차 노선이 크게 엇갈리더니 이용구[2]가 앞장서 일진회一進會[3]의 송병준과 손을 잡고 적극적 친일행위로 돌아섰다. 그는 1905년 러일전쟁 당시 조선을 통해 만주로 이어지는 보급로에 북진수송대北進輸送隊[4]를 조직하고, 심지어 동학교도들을 동원하여 일본을 돕기까지 했다.

우금치에서 목숨을 걸고 일본군과 싸웠던 동학 농민군의 모습과는 너무도 다른 저열한 지도부의 이면裏面이었다.

그 후 손병희는 이용구와 손을 끊고 천도교로 개칭하며 일진회로부터 등을 돌렸다지만, 현실 앞에서 이합집산離合集散하는 지도부의 누추한 처신은 동학농민군의 무수한 다짐과 맹세를 무색하게 만들었다. 고개를 돌려

---

2) 경북 상주 출신으로 동학군으로 활동했지만, 송병준과 함께 일진회를 이끌며 한일합방 청원서를 통해 나라를 아예 일본에 넘기자고 주장했던 자로서 장남 이석규와 함께 친일 인명사전에 수록되었다.
3) 일진회(一進會)는 1904년 8월 송병준과 독립협회 출신 윤시병, 유학주 등과 동학 출신 이용구 등이 조직한 대한제국 시기의 대표적인 친일단체이다.
4) 러일전쟁에 참전한 일본군을 돕기 위해 일진회원을 동원해 만든 단체이다. 함경도 지방의 러시아군을 정탐하며 일본군의 이동과 군수물자 운반을 위한 철도부설 등을 도왔다.

침이라도 뱉어주고 싶었다. 변질된 지도부의 노선은 죽창을 들고 내달았던 그들을 나락으로 떨어뜨리고 있었다.

국내외 정세의 흐름에 대처할 내공內功이 전혀 없었던 농민군들은 함성만을 모아 개벽 세상을 이룰 수 없다는 것을 뒤늦게야 깨달았다. 자신의 삶과 조선의 미래를 이끌어 줄 수 있다고 철석같이 믿었던 백낙규의 '큰 바위 얼굴'은 침탈해오는 외세와 분열되는 지도부 앞에서 그렇게 소리 없이 허물어지고 있었다.

공교롭게도 동학농민항쟁의 시기를 전후해서 호남 땅에서 활약한 남장로교 선교사들은 남북전쟁으로 폐허가 되었던 남부 출신들이 대부분이었다.

전쟁 후 주도권을 쥔 북부가 중심이 되어 남부의 구조조정에 착수했을 때 그 과정은 형용하기 어려울 정도로 혹독했다. 여기에 불만을 품은 사람들은 심지어 남미로 이민을 떠나기도 했다.

이미 미국은 하나로 통일되어 한세대 정도가 지나고 있었지만, 민심은 여전히 갈라져 있었고 전쟁으로 아물지 않은 상흔이 사회 곳곳에 예리하게 드리워져 있었다.

물론 교단들이라고 해서 예외는 아니었다. 분열의 경계를 거둬 내자는 이야기는 남북 어느 쪽에서도 꺼내기조차 힘들 정도로 통합은 요원하게 느껴졌다.

이처럼 패배의 상흔으로 얼룩진 남부 출신 선교사들이 호남 땅에 들어온 것은 절묘한 조우遭遇였다. 열강들의 다툼 속에 서서히 국권을 잃어

가는 조선을 바라보던 그들은 동학으로 피폐해진 호남 땅의 백성들이 겪는 좌절과 아픔에 공감하며 연민하지 않았을까?

예를 들면 군산 선교의 아버지 전킨William Junkin은 남북전쟁이 끝나던 1865년 버지니아주 워싱턴 앤 리 대학Washington & Lee University[5]의 총장이었던 조지 전킨George Junkin의 아들로 태어났다. 그뿐만 아니라 남부 연합군 총사령관 리Robert E. Lee 장군의 오른팔로 활약하며 남군의 사기를 크게 높였던 명장 스톤 월Stone Wall로 알려진 토마스 잭슨Thomas Jackson은 한때 그의 매형이었다[6]. 토마스 잭슨은 애틀랜타의 스톤 마운틴(Stone Mountain) 부조에도 새겨져 있고, 그의 탄생일이 버지니아주의 기념일로 지정되어 있을 정도로 남부의 영웅이었다.

전킨의 아내 메리 레이번은 어떤가? 레이번의 조부 알프레드 레이번Alfred Reyburn은 렉싱턴 장로교회 장로로 워싱턴 앤 리 대학의 종신 이사장을 역임했고, 버지니아 사관학교Virginia Military Institute 설립자 가운데 한 사람이었으며, 아버지 에드워드 레이번Edward J. Reyburn 역시 렉싱턴 장로교회 장로로 워싱턴 앤 리 대학의 이사로 봉직했으며, 오빠Edward R. Reyburn 역시 목사요, 조카 James G. Reyburn도 워싱턴 앤 리 대학에서 학장을 지냈다. 이처럼 전킨의 가계

---

[5] 초대 대통령 조지 워싱턴(George Washinton)과 남부군 사령관 로버트 리(Robert Lee) 장군은 버지니아가 고향이었다. 대학 설립 당시에는 워싱턴 대학(Washington College)이었으나 리 장군을 함께 기념하면서 워싱턴 앤 리 대학(Washing & Lee University)으로 불렀다

[6] 그의 누이는 토마스 잭슨(Thomas "Stonewall" Jackson, 1824-63)과 결혼 후 얼마 되지 않아 죽었다.

家系와 인맥을 얼핏 들여다만 보아도 그가 얼마나 남부인의 긍지와 정서에 깊이 매몰되어 살았을 것인지는 충분히 짐작되고도 남는다.

남북전쟁에서 잃어버린 남부인의 긍지를 추스르기에도 쉽지 않았던 전킨이었다. 그런 그가 어떤 상황과 동기에서 하나님의 부르심을 받았을까? 그의 가정적 분위기를 비춰볼 때 그가 목사가 된다 해도 전혀 이상할 것이 없는 신앙적 배경을 가지고 있었지만, 오히려 그보다는 하나님 나라를 이 땅에 실현하는 것으로 현실을 추월하고 갈등을 극복해 보려는 심리가 더 크게 작용했던 것은 아니었을까?

보편적인 실재로서 하나님의 나라를 이 땅에 세우는 일이 바로 증인된 삶의 실천에 있다고 확신한 전킨은 신학교에서 공부하는 동안, 그 길을 열기 위해 오랫동안 기도하며 자신을 준비해 오던 참이었다.

전킨과 동시대를 살았던 선교 초기의 남장로교 선교사들 역시 동일한 역정歷程을 거쳐오기는 매한가지였다. 이런 이유로 그들이 내한하던 당시 이미 나라를 잃고 고통당하는 백성들을 깊이 공감할 수 있는 준비된 정서가 있었을뿐더러 자신들이 위로를 찾았던 하나님의 나라가 이 땅의 백성들에게도 똑같은 위로가 될 것이라는 확신까지도 가지고 있었다.

남부의 선교사들은 수탈과 패배로 궁핍해진 이 땅의 백성들에게 줄 수 있는 유일한 위로는 복음이라고 굳게 믿었으며, 나아가 이 땅 백성들에 대한 자신들의 연민을 이 땅에서 생애를 바치는 숭고한 헌신으로 승화시키고자 했다. 실제로 그들은 내한 선교사로서 그렇게 살았다.

놀랍게도 울분과 좌절의 끝에 몰려있던 백낙규는 남장로교 선교사들로부터 복음을 들었다. 이것은 조선의 격동하는 역사의 틈바구니에서 질식하고 있는 한 영혼을 끌어내시기 위해 태평양 건너온 하나님의 드라마틱한 구원의 손길이었다.

백낙규가 들었던 하나님 나라! 그것은 지금까지 자신이 바라보며 쫓고자 했던 개벽의 세상과는 결이 달랐다.

세워져야 할 나라는 내가 만들어가는 개벽의 세상이 아니라 예수를 믿는 믿음 위에 세워지는 교회였다. 그것은 내가 예수를 믿음으로써 이미 그가 세우신 나라에 동참하면 되었다.

세상의 나라가 아니면서 이 세상을 극복하며 충만하게 할 교회가 약속한 밭에 감춰진 보화임을 깨달았다. 그는 지난날 개벽을 끝에 두고 사회와 세상을 거기에 맞춰보려 했지만, 온전하고도 완성된 개벽은 하나님 나라에 있음을 보았다.

자신이 추구해야 할 궁극의 가치가 하나님 나라 안에 있음을 깨닫는 순간, 한때 삶의 강령으로까지 여겼던 동학을 허물어진 과거에 묻었다. 그리고 그는 예수 그리스도만을 바라보았다.

"믿음의 주요 또 온전하게 하시는 이인 예수를 바라보자"(히 12:2)

개벽을 걷어낸 그 자리 위에 다시 하나님의 나라를 채우며 새로운 자아를 품기 시작했다. 그리고 자신의 사명을 어렴풋이나마 보았다. 하나님 나라는 복음을 넘어 가장 실제적 위로였다.

이처럼 개인의 삶을 이끌어가는 영성은 내면에 고착되어 정지된 사유가 아니라, 마주한 상황 속에서 끊임없이 더욱 나은 가치를 선택적으로 교환하면서 변해가고 있음을 알 수가 있다.

결국, 수용한 가치들의 내면적 위상에 따라 과거에 지향했던 삶을 털고 고상한 삶을 추구하고자 하는 영성의 변환이 일어나기도 한다.

삶을 이끈다는 말 자체가 방향성을 함축하기 때문에 영성을 조타操舵하며 삶의 전환을 이끄는 실재는 당연히 그가 선택적 교환을 통해 수납해왔던 경험과 가치들일 것이다.

그렇다면 영성의 내면에 켜켜이 모아둔 가치들을 읽어내는 일은 그가 과거로부터 지향해 왔던 삶의 진로를 파악할 수 있을뿐더러 앞으로도 그의 삶이 어떻게 전개될지를 짐작해보는 것도 가능하게 할 것이다.

마찬가지로 백낙규가 뛰어들었던 동학과 그리고 복음을 듣고 난 이후 일제 강점기에 마주한 현실과 사건들을 통해 얻어낸 경험과 가치들의 다층구조를 살펴본다면, 그의 삶과 신앙을 전개해온 영성도 어렵지 않게 이해할 수 있을 것이다.

고향을 등지는 농민들의 이산離散을 보며

1910년 5월 데라우치 통감이 서울에 부임하면서 조선의 대신들과 수차례 비밀회의가 있었다. 음침하고 무거운 고요가 조선을 뒤덮고 있었다. 그해 늦더위가 기승을 부리던 8월 29일 대한제국의 총리 이완용과 데라우치 통감이 조약에 서명함으로 한일합방을 공표했다.

백낙규가 한일합방의 비보를 들은 것은 미륵산 자락이 손에 잡힐 듯 가까이 보이는 금마 장터에서였다. 들녘 넘어 푸르게 보이던 미륵산이 그날따라 무논에서 피어오르는 습한 아지랑이에 흔들리고 있었다.

장터의 상인들과 장꾼들은 수런수런했다. 땀에 젖은 삼베 적삼을 풀어제끼고 삼삼오오 그늘에 앉아 더위를 식히던 장꾼들은 드디어 올 것이 오고야 말았다며 무릎을 치며 혀를 찼다.

조선총독부라는 생소한 기구가 통치 권력으로 등장했다. 일제는 조선총독부의 출범과 함께 모든 지방자치를 해체하고 무단통치를 표면화하면서 막바지 수탈의 준비를 진행하고 있었다.

전국적인 토지조사사업을 내세워 호남평야의 젖줄인 만경강과 동진강 유역에 대규모 수리시설 공사를 착수하고, 이 지역의 방대한 천수답을 개발해 헐값에 매입해 나갔다.

한편 토지조사 사업의 결과로 일본인 대지주들이 속속 등장하면서 농지를 잃은 농민들은 소작농으로 전락했으며, 그것조차도 기회가 없는 농민들은 화전을 일구거나 고향을 등지기 시작했다.

삼례 시장에서 포목점을 하던 김헌식은 그 일대에 전답을 꽤 소유했던 인물이었다. 전주선교부의 마로덕 선교사의 전도로 예수를 믿게 된 그의 큰아들 김계홍은 삼례교회 장로였다.

김계홍은 백낙규보다 세 살이 많았으나 그의 부친 김헌식이 백낙규와 같은 포목상을 했던 관계로, 백낙규가 삼례장에 들릴 때면 언제나 두 사람은 호형호제하며 허물없이 지내던 사이였다.

그가 살던 삼례 일대에도 어김없이 수리조합이 만들어지고 대부분 농지가 일본인 대농장의 손아귀로 들어가면서,[7] 많은 수의 삼례교회 교인들도 세습된 경작권을 상실하고 영세 소작인으로 전락해 버리고 말았다. 김헌식 역시 누대를 이어오던 농지를 빼앗기다시피 헐값에 잃고 땅을 치며 안타까워했다.

수탈당하지 않는 내 땅에서 농사를 지으며 살고 싶었다. 오랜 궁리 끝에 그는 온 식솔들을 불러모으고, 며칠간의 회의 끝에 내린 결론은 고향을 떠나 두만강 건너 북간도로 이주하자는 거였다.

김헌식 일가가 간도로 이주한다는 소식에 이미 소작인으로 전락해 버린 일부 교인들도 함께 따라나서길 원했다[8]. 이렇게 해서 이주를 작정한 사람은 김헌식의 일가족 30여 명과 거기에 50여 명의 교인들을 포함해 80여 명이나 되었다.

---

[7] 이토 농장의 농장주 이토 죠베에(伊藤長兵衛)는 친일 투기꾼들을 앞세워 삼례면 토지를 집중적으로 매입했다.
[8] 『삼례 제일교회 역사』 열다섯 번째 글 '이민편'
"1918년 2월 24일 본 교회 김계홍(金桂弘) 장로 5형제 권속 30여 인과, 이창옥(李昌玉) 집사, 반기춘(潘基春), 박대필(朴大必) 씨 등 전 가족 50여 인이 중국 동북지방 길림성(吉林省) 연길현(延吉縣)으로 이거케 되니 교회가 거의 떠난 셈으로 그중 입교인(入敎人)만 29인 인고로 교회는 영산(零散)한 중이다"

마침내 그들이 떠나가는 날, 김헌식과 김계홍 장로 가족들과 이주하는 교인들의 안위를 위해 당회장인 마로덕 선교사가 송별예배를 인도하자, 예배당에 모인 교인들은 물론 그 자리에 참석한 주변 이웃들까지도 함께 슬퍼하며 기약 없는 헤어짐을 서러워했다.

김헌식과 삼례 교인들이 만주로 이거移居한다는[9] 소식은 교회는 물론이 지역사회에도 커다란 충격을 안겨 주었다. 백낙규 역시 한 가족처럼 여기던 김헌식 일가와의 추억을 술회하며 안타까워했다.

보국안민輔國安民, 제폭구민除暴救民을 내세웠던 동학은 처음부터 주체가 민중이었다. 해방 이후 자본주의가 지배하기 시작하면서 민중의 개념이 무산자요, 좌파라는 이미지로 견고하게 굳어버리고 말았지만, 인구의 9할이 농민이던 이 시절에는 지금과는 달리 계급화된 무산자의 개념은 거의 희박했다.

동학농민항쟁은 역사의 주체가 민중이라는 개념에서 출발했으나 3·1운동을 전후로 주체의 개념이 민중에서 민족으로 바뀌면서, 일제 강점기 시절 내내 민족주의가 이념적 자원으로 자리를 잡아갔지만, 그러나 결국 민족주의라는 것도 속내를 깊이 들여다보면 그 주체가 역시 민중일 수밖에 없었다.

---

9) 1934년 간도 황무지 개간을 위해 강제이주를 시키면서 간도의 조선족 인구는 급증하였고 1945년 해방 당시 1백 65만 명으로 추산되었다. 연해주에는 1937년 중앙아시아로 강제이주가 시작되기 전 18만 명이나 되었다. 전북 출신 간도 이주사는 소설가 조정래의 〈아리랑〉과 최명희의 〈혼불〉에 극화되어 있다.

그렇다고 해서 백낙규가 전혀 가까이해본 적조차 없는 민중이론을 내세워 자신의 이념을 세워갔을 리도 만무했지만, 그는 생존을 위해 해외로 흩어지는 교인들과 농민들을 보며 갑오년의 핏발 서린 항쟁을 떠올렸을지도 모른다.

그는 단지 백성이 무지와 가난에서부터 벗어나지 않고는 해방은 요원할 것이라 여기고 독립의 열망을 계몽운동과 실천적 신앙으로 담아내보고자 몸부림을 치면서, 오직 작심한 예수꾼으로만 살고자 했다.

3·1 운동, 독립의 열망을 함께하다

때마침 미국 대통령 윌슨이 천명闡明한 민족자결주의가 전 세계적으로 확산되자, 식민지배를 받던 나라들은 독립운동 분위기가 크게 고조되면서 조선에서도 망국의 설움과 일제에 대한 적개심으로 요동치고 있었다.

때마침 고종의 인산일因山日[10])에 맞춰 1919년 3월 1일 민족대표 33인이 모여 독립선언서를 낭독하며 시작한 만세운동이 전국적으로 퍼져나가기 시작했다.

이 지역에서도 군산 3·5 만세운동, 전주 3·13 만세운동, 익산 4·4 만

---

10) 왕이나 황제 직계 가족의 장례 일을 말한다.

세운동 등이 잇달아 일어나면서 박연세, 김병수, 문용기같은 민족주의자들이 활약했다. 만세운동의 후유증은 컸다. 많은 사람이 죽고, 투옥되기도 했으며 뜻이 있는 우국지사들이 줄줄이 해외로 떠나갔다.

전주에서 만세운동을 주동한 서문교회 김인전 목사는 일경에 수배되자 전주선교부 여부솔F. M. Eversole 선교사의 배려로 은신하고 있다가 상해로 망명했으며, 김인전의 지도를 받았던 많은 서문교회 청년들과 학생들이 기약 없이 간도와 연해주로 건너간 시기도 이때였다.

그뿐 아니라 김제 원평리 만세를 주도했던 조덕삼 장로의 아들 조영호도 만주로 건너갔고, 구봉리 교회 청년 이종희[11] 역시 중국으로 건너가 의열단 교관과 광복군으로 활약을 펼쳤다.

이 지역에서 일어났던 익산 4.4 만세운동은 영명학교 출신 문용기와 남전교회 교인들이 중심이 되어 일어난 만세운동으로 알려졌지만, 실제로 익산지역의 만세운동은 기독교와 천도교가 합세해 함열, 황등, 웅포, 춘포, 여산, 금마 등 여러 지역에서 동시다발적으로 일어난 것으로 보이며, 다만 그날 솜리 장터에서 있었던 만세운동이 대표적이었다는 것이 정설이다.

당시 익산 4.4 만세운동은 어떤 형태로든지 지역 교계를 이끌었던 동련교회, 고현교회, 서두교회의 교인들이 배후에 있었을 것으로 연구자

---

11) 김제 출신. 1919년 만주 길림성에서 의열단에 가입하여 활약하였으며, 1922년 3월 28일 상해에서 일본육군 대장 다나카(田中義一) 암살미수사건에 오성륜(吳成崙), 김익상(金益相) 등과 함께 가담하였다. 후에 광복군 제1지대장과 임시정부의 정원의원으로 활약하였다. 호북성과 강서성 등지를 근거로 활동하다가, 광복을 맞아 귀국하던 중 안타깝게 사망하였다.

들은 추정하고 있다.[12]

비록 아직까지도 발굴이 미진하고 확인할 만한 기록들이 발견되지 않았지만, 여기저기 드러나는 구전과 증언으로 미루어 보아 익산 만세운동과 연계되어 황등지역에서 연일 이어지던 만세운동에 백낙규와 동련교회 교인들이 앞장섰다는 것은 전혀 이상한 일이 아닐 것이다.

자신의 자리에서 할 일을 찾고자

애국지사들의 활동과 그들의 고귀한 희생을 듣고 보면서 백낙규는 신앙인으로서 자신의 삶과 자세를 돌아보았다. 하나님 나라의 구현이 죽음 저편의 초월적 세계뿐 아니라 이 땅에서도 이루어져야 한다면, 나라와 민족을 도외시한 신앙은 무모한 것으로 생각했다.

신앙의 본질을 스스로에게 물으며 자신을 이끌어온 영성의 내면에 묻어 두었던 가치와 의미들을 꺼내 들고, 그 대답을 실천적인 삶으로 들려주고자 했다.

그는 민족, 민중, 민생의 정의와 의미를 논리적으로 규명해낼 만한 태세를 갖추지 못했다 할지라도, 굴곡진 시대와 역사를 온몸으로 부딪히

---

12) 주명준, "익산시 독립운동 정신 계승발전을 위한 독립운동사" 연구 요약자료, 사단법인 전북경제연구원, 2013. 3, pp.10

며 체득한 것을 신앙으로 환기還起시켜 교회와 이웃에게 가시적으로 드러내고자 했다.

몇 년 전 필자가 동련교회에서 설교하고 백낙규 장로의 산소가 있는 교회의 묘지에 들려 고인의 사적事蹟이 새겨진 비문碑文을 다시 읽어 보았다. 나지막한 구릉의 듬성듬성한 솔밭을 뒤로한 비문에는 백낙규의 삶을 총괄總括했던 신앙과 삶이 정갈하게 새겨져 있었다.

1915년 미국 선교사 하위렴 부위렴 목사에 의해 장로로 피택되어… 서기 1909년에는 계동학교를 설립 육영사업을 힘쓰시고, 다른 한편으로는 중국 상해 임시정부에 경제적 도움을 주시기도 하였으며, 조국 부강부흥의 백년대계를 향한 유실수 심기운동을 펼치시기도 하셨다… 독립운동의 선구자시오, 개화운동의 선각자이시며, 기독교 초대교회 지도자이신 백낙규 장로의 행적과 유덕과 유훈을 추모하며…

동련교회 교우 일동

1920년 동련교회에 2대 목회자로 섬겼던 황재삼 목사의 아들 황희영 박사[13]가 동련교회 성도를 대신해서 비문碑文을 썼다고 했다. 어찌 되었든 한 사람의 삶을 전체적으로 축약해 간결하게 서술敍述한 것이 비문이

---

13) 백낙규의 장손 백인선과 1923년 같은 해에 태어난 황희영은 시조 시인으로 활약하며 한남대와 중앙대에서 교수로 재직했다. 은퇴 후 미국으로 건너가 1994년 미국에서 72세의 나이로 세상을 떴다.

라면, 적어도 황희영은 그의 부친과 그 당시 교우들로부터 백낙규의 정리된 행적을 들었을 것으로 짐작이 된다. 비문을 썼던 황희영은 오래전에 가고 없지만, 그는 백낙규의 행적을 가장 가까운 거리에서 기억해 낼 수 있었던 마지막 세대였다는 점에서도 그의 기억은 이미 권위가 있다.

그의 기억 속에서 펼쳐낸 기록들이 과거를 뚫고 나와, 지금도 바래지 않은 모습으로 마주할 수 있는 것은 비속卑屬들에 의해 치장된 비문과는 달리, 제삼자의 기억 속에 있는 예수꾼 백낙규의 삶을 생생하게 끌어냈기 때문이리라.

백낙규는 이 땅에서 살을 맞대고 함께 사는 우리 민족民族을 구원의 대상으로 파악하고 신앙공동체를 가시화했으며, 나아가 하나님의 형상으로서 존엄을 지닌 주체가 민중民衆이라 이해하고, 그 궁극의 목표를 조선의 해방과 독립에 두었다. 민족교육만이 이 일을 앞당길 수 있다고 생각한 그는 '교육구국운동'에 동참하고 곧바로 계동학교를 세웠으며, 한편으로는 임시정부에 자금을 보내 독립운동을 뒤에서 돕고자 했다.

그뿐 아니라 하나님 나라 백성으로서 누려야 하는 권리의 삶을 민생民生이라 여기고, 농촌사회운동에도 앞장섰던 지도자였다고 황희영은 그렇게 회고했다.

이처럼 백낙규의 행적은 복음적 신앙의 면모를 보이면서도 계몽적 참여적 신앙을 외면하지 않았다. 실천적 의지가 없는 신앙은 한낱 허수아비에 불과 한 것으로 여기면서도 그 해답을 교회 안에서 찾고, 교회를 통해 이루려 하였다. 오히려 그는 무엇보다 교회중심 신앙을 돈독히 유지했다.

　참여와 실천을 내세우며 한때를 풍미한 민중신학이 지금에 와서 소슬蕭瑟해진 것은, 메마른 구호와 이념에만 몰두하다가 결국 교회와 유리遊離된 신학으로 전락하면서, 한 시대를 떠돌던 공론空論으로만 남아있기 때문이 아닐까?

　초기공동체 이래 동련교회는 섬김과 나눔을 실천하는 교회이면서도 시대적 상황에 영합한 맞춤신학costomized theology에 자리를 내어주지 않고, 지금까지 견실한 교회공동체로 지속이 되고 있다. 실천적이면서도 복음적 믿음의 계승으로 비옥한 터전을 닦아 왔기 때문에 가능한 일이었다.

　백낙규와 초기 공동체가 지향해 왔던 비전은 개인적 구원의 체험이 하나님 나라의 백성의 선행 조건이어야 하는 연역적 영성을 포함할 뿐 아니라, 하나님 나라가 온전히 회복됨으로 개인의 구원이 완성되는 것으로 여겼던 귀납적 영성까지도 함께 아우르며, 입으로만 믿는 신앙이 아니라 몸으로 실천하는 신앙인의 모습을 보여주고 있다

2. 청소년 교육에 힘쓰다

갑오경장과 교육조서

조선의 신분제 사회에서는 글을 읽고 쓰고 배우는 교육은 양반들만의 전유물이었다. 일반 백성들에게도 균등한 교육 기회를 주어야 한다는 생각을 전혀 하지 않았을뿐더러, 그렇다고 해서 누구도 이의를 제기하지도 않았고 할 수도 없었다.

우리가 구한말의 시기를 격동기라 표현하는 것은 신분제 사회를 고집하며 변화를 거부하다가 맞은 외침外侵의 시기였기 때문이다. 비록 1895년 갑오경장이 외세에 의한 수동적 개화이기는 했지만, 가장 먼저 신분제 타파와 더불어 개혁해야 할 국가적 과제가 교육정책임을 내세우고, 부국강병의 지름길이 모든 백성을 위한 보편적 교육에 있음을 강조하면서 서둘러 교육조서敎育詔書[14]를 공표했다.

"백성을 가르치지 않으면 나라를 굳건히 하기가 매우 어렵다… (중략)… 교육은 실로 나라를 보존하는 근본이다."

밀려오는 외세 앞에서 자주독립 국가를 유지하는 것이 국가적 과제임을 천명하면서, 근본적 해결책이 교육에 있음을 강조하고 있지만 대부분 의례적인 수준에 머물러 있어, 교육조서가 국가의 능동적 결단인지 아니면, 개화의 요청에 따라 어쩔 수 없는 형식적 조치인지 짐작하기 어려울 정도로 소극적이었다.

무엇보다 백성을 교육해야 한다며 관립학교의 설립을 고시하고, 소수의 관립학교를 세우고 있었으나 이것만으로 학령기 아이들을 다 소화할 수가 없는 실정이었다.
때마침 내한 선교사들에 의해서 경향京鄕 곳곳에 세워지고 있던 기독교 학교들이 그나마 인재 양성의 교육기관으로 중요한 역할을 감당해 주고 있었다.

---

14) 우리역사넷, 국사편찬위원회 인터넷 자료.
　　교육에 의한 입국(立國)의 의지를 천명한 것으로, 근대식 학제를 성립시킬 수 있는 기점을 마련하였다. 전 국민을 상대로 해서 새로운 교육의 필요성과 중요성을 강조한 것은 교육조서가 최초이다.

교육구국운동[15]의 물결

1905년 러일전쟁의 승세가 굳어지자 일본은 곧바로 조선을 압박해 을사늑약을 체결했다. 외교권을 박탈하고 통감부를 설치해 조선을 일본의 보호 아래 두고 통치하려 하자, 구국운동의 외침이 전국적으로 분출되기 시작했다.

그중의 하나가 학교설립을 통한 '교육구국운동'이었다. 뜻이 있는 지방의 지사들이 뛰어들면서, 설립되기 시작한 사립학교가 1908년 8월까지 전국적으로 3,000여 개에 달할 정도였으니 얼마나 열기가 대단했는지 짐작해볼 만하다.

'교육구국운동'의 뜨거운 열기를 내심 두려워하던 일제는 이전에 없던 인가 조건을 내세우며 조선인의 학교설립에 대해서는 여러 가지 제한을 두기 시작했다.

갑오개혁은 겉으로는 보편적 교육을 내세우고 있었지만, 일제는 처음부터 우민화 정책에 초점을 두고 있었다. 결국, 대부분의 많은 학교가 인가 조건을 넘지 못해서 탈락하고, 1910년 7월까지 인가를 받은 학교는 전국적으로 2,235개로 그것도 대부분이 소학교였다.

1912년 군산 선교부 관할 조선인에게 허가한 조선 기독교 부속학교는

---

15) 1905년 11월에 을사늑약으로 일제의 국권침해가 시작되자 교육을 통해서 국권을 회복하려는 운동이다. 전국으로 확산된 교육구국운동은 사립학교의 설립을 촉진했으며, 그 당시 민족정신과 애국혼을 불어넣어 주는 역할을 감당했다.

계동학교를 포함해 16개 정도에 불과했다.[16]

'교육구국운동'은 일제의 우민화 정책에 맞서 소리 없이 진행한 거국적 항일운동이 되어 잠자고 있던 민족정신을 일깨우는 일에 앞장을 서고 있었다.

계동학교를 세우다

황등에 들어와 자리를 잡은 백낙규는 그사이 결혼도 했고 자녀도 생겼

---

16) 학교/소재지/교장/설립자
- 영명(永明)학교/전북 임피군(군산) 서사면 구암리/A. R. Ross/W. F. Bull
- 안락(安樂)소학교/전북 임피군(군산) 서사면 구암리/홍종익/오긍선
- 영원(永願)학교/전북 임피군(군산) 하북면 포동/W. F. Bull/이영희
- 부용(芙容)학교/전북 함열군 북일면 상제석/W. F. Bull/송원규
- 계동(啓東)학교/전북 함열군 남일면 동연동/W. F. Bull/백낙규
- 도남(道南)학교/전북 익산군 남이면 남참리/A. R. Ross/김정식
- 영신(永新)학교/전북 용안군 남면 송산동/W. F. Bull/정춘삼
- 건명(建明)학교/충남 임천군(부여) 팔충면 지석동/W. F. Bull/손창근
- 원신(元信)학교/충남 임천군(부여) 대동면 원당리/W. F. Bull/정만구
- 창영(彰永)학교/충남 임천군(부여) 세도면 계양리/W. F. Bull/정영태
- 일광(日光)학교/충남 한산군 동하면 구수동/***/박화성
- 일신(日新)학교/충남 한산군 동하면 신천리/이대영/권중욱
- 한영(韓英)학교/충남 한산군 남하면 와초리/***/김규배
- 진명(進明)학교/충남 한산군 서상면 서출리/W. F. Bull/김창근
- 진신(進信)학교/충남 한산군 북부면 종지리/W. F. Bull/이시재
- 효충(孝忠)학교/충남 서천군 마길면 효실리/***/강태흠

군산 영명학교와 영원학교, 용안 영신학교, 함열 부용학교, 한산 진명학교, 임천 건명학교 정도가 보통과(소학과) 4년 및 고등과(중학 본과) 3년 과정을 함께 운영하였고, 나머지 학교들은 4년 혹은 6년 과정의 보통과만을 운영하였다. 일제의 간섭과 통제를 피하고자 외국인 선교사인 부위렴(W. F. Bull)과 노아력(A. R. Ross) 등을 교장으로 등록했으나 실제 운영과 관리는 지역교회 지도자들이 담당하였다.

다. 비록 객지에 들어와 살았지만 근면하고 성실해 주변 이웃으로부터 인정을 받았을 뿐 아니라 황등 시장에 벌여 놓은 포목점도 제법 잘되었다.

그가 예수를 믿게 되면서 신우들과 함께 마을에 교회를 세우고, 교회 이름까지 버젓이 붙여 놓았지만, 목회자는커녕 직분자조차 한 사람 없는 미자립 교회였다.

선교부의 선교사들이 정기적으로 교회를 순회할 때 조사(助事)처럼 곁에서 그들을 돕던 그가 돌연 학교를 세우겠다고 나섰다.

농민항쟁에서 천신만고 끝에 살아남아 예수를 믿고 구원받아 가정을 이룬 것을 무엇보다도 감사해하면서 나머지 삶은 하나님 앞에 은혜의 빚을 갚고 살아야 하겠다고 다짐을 하던 백낙규였다. 그는 때마침 전국적으로 일어난 '교육구국운동'에 크게 공감했다.

그 당시 군산선교부 관할구역만 보더라도 문맹률이 거의 7~80%에 달하는 형편이었지만, 조선인 학교라고는 1907년 개교한 군산 공립보통학교가 유일했다.

그나마 공립보통학교의 정원은 취학 적령기 아동의 20%도 감당하지 못하고 있는 형편이었고, 그나마 선교부에서 어린이들을 모아 남녀 학교를 겨우 시작하고 있을 때였다.

백낙규는 가난해서 배우지 못한 아이들을 신앙 안에서 교육하는 일이야말로 하나님 나라를 세워가는 일이라 여기고, 마땅히 교회가 감당해야 할 사역으로 보았다.

교회 살림에 여유가 있다거나 학교 설립과 운영에 구체적인 계획을 세워둔 것도 없었으나, 그는 자신의 생각을 곧장 실천으로 옮겼다.

서당조차 변변히 없던 이 지역에 학교를 세우고자 함열에 있던 관아에 교회 부설학교 설립 허가를 받은 것은 경술국치(1910. 8. 29)가 있기 한 달 전이었다.

백낙규는 사재를 털어 교회와는 별도의 건물을 따로 매입해 독립된 교육공간을 마련하고, 교인들의 동의 아래 교회재정을 학교운영에 보조할 수 있게 했다. 어느 정도 기반이 갖춰지면서 교사들을 모집하자, 군산의 영명학교, 전주의 신흥학교와 기전여학교에서 교육을 받은 사명감이 넘치는 젊은이들이 교사로 모여들었다.

곧이어 개교를 하자 인근은 물론 수십 여리 떨어진 곳에서도 학생들이 몰려오면서 금세 학교는 성황을 이루기 시작했다.

동련東蓮에 학교를 세우면서 이름을 계동啓東학교라 했다. '일깨울 계'啓, '동녘 동'東 뜻으로 보아 이보다 좋은 것은 없을 듯싶었다.

예부터 중국에서는 우리 민족을 동이東夷라 불러 동쪽 변방의 족속으로 여겼지만, 오히려 우리는 동東은 해가 뜨는 곳이기에 근본의 자리로 여기고 우리 민족과 동일시했으며, 언제나 주체적 의미로 사용해 오지 않았던가? 한때 동학을 궁구窮究했던 백낙규도 '東'자가 주는 이 같은 암시적 상징에 애착을 보이며, 무지하고 가난한 이 나라 백성을 가르쳐 나라의 회복을 꿈꾸던 그의 바람을 계동啓東이라는 교명에 담은 것으로 보인다.

그러나 안타깝게도 계동학교啓東學校에 대한 자료는 거의 사라지고 남아 있지 않아, 구체적인 설립 취지와 교육이념 등에 대해서는 아는 바가 없고, 다만 구전으로 전해지는 계동학교 교가를 통해 학교설립과 더불어 추구했던 비전을 조금이나마 짐작해 볼뿐이다.

"만여 리에 최후 지에 문명 날개는
금마金馬 터에 계동학교 분명하구나

장래 영웅호걸 장사 큰일 배우러
매우사리 힘 써주소 구름같이 뭉쳐오소

앞으로 앞으로 우리 계동학교가
앞으로 앞으로 선듯선듯 나가며"

• "만여 리에(의) 최후 지에 문명 날개는 금마 터에 계동학교"

백제의 무왕이 천도를 계획하고 왕궁과 미륵사를 창건하고 부흥의 꿈을 펼치고자 했던 금마金馬. 예로부터 금마는 익산의 대명사처럼 사용되었다.

평야가 만여 리 펼쳐진 곡창지대인 이곳이 문명 날개가 펼쳐질 최후의 땅이 될 것이라는 백제 시대부터 구전되어온 전설을 교가에 담아, 그 역할을 계동학교가 할 것이라는 야심 찬 소망과 다짐으로 노래를 불렀다.

• "장래 영웅호걸 장사 큰일 배우러"

계동학교는 '큰일'을 배우는 학교. 요즘 말로 배워서 취직이나 하고 출세를 위한 배움이 아니라, 백성과 나라에 쓸모 있는 인물의 양성을 교육 목표로 하는 학교임을 분명히 했다. '영웅호걸'이라는 표현으로 교가를 부르는 어린 학생들에게 개인을 넘어 민족과 나라를 이끌어가는 일꾼으로 자라 갈 수 있도록 원대한 꿈을 심어주고 있다.

• "매우사리 힘 써주소"

계동학교 출신 박정규씨가 구술했다는[17] 이 교가의 한 구절 '매우사리'는 '배움살이'의 오기誤記인 듯 보이고 신접살이, 전세살이, 모듬살이, 배움살이 등에서 알 수 있듯 '~살이'는 '~을 하며 사는 일'로 해석이 될 성싶다. 공자도 "나는 열다섯 살에 배움(학문)에 뜻을 두고"(吾十有五而志于學)라고 말한 것처럼 가장 유능한 사람은 배움에 힘쓰는 사람이 될 것이므로 '배움살이 힘 써주소'는 배우는 일에 힘을 다하자고 권면하며 격려하는 뜻을 담고 있다.

• "앞으로 앞으로 선듯선듯 나가며"

'선듯선듯'의 사전적 의미는 '동작이 꽤 빠르고 시원스러운 모양'을 표현하는 의태어로 나라를 빼앗기고 움츠러든 기개를 드높이 펼칠 것을 강조하며, 짧은 교가에 그의 소망과 목표를 담아 함께 외쳐 불렀다. 계

---

17) 연규홍, "예수꾼의 뚝심", 동련교회 90년사, 동련교회 역사편찬위원회, 1990, pp.36

동학교는 백낙규의 꿈이자 이상이었다.

그는 교회를 세운 뒤 잇따라 학교를 설립하면서 이 땅 백성을 변화와 회복으로 이끄는 일이야말로 교회가 해야 할 과제로 여겼다. 하나님 나라를 이 땅에 세워가는 것이 믿는 자의 사명이라면, 교회의 역할은 무엇이어야 하는가라는 물음에 백낙규의 실천적 대답이 계동학교였다.

Boys and officers of primary school at Tong-yung, Kunsan, Korea.

하위렴 선교사가 촬영한 계동학교 학생들과 교사[18]

---

18) W. B. Harrison "Light and Shadows of Itinerating in Korea" *The Missionary Survey*, Oct. 1915, pp.731(하위렴 선교사가 찍은 사진으로 계동학교가 미국 선교잡지에 실린 것으로는 유일한 것으로 보인다.)

민족교육의 요람

동련교회 90년사에 의하면 계동학교에서 가르친 교과목은 수신, 국어, 지리, 역사, 산수, 이과, 음악, 체조 등으로 그 당시 학교 설립의 유형을 막론하고 적극적으로 권장된 신교육의 과목들이었다. 역사와 지리는 중국 중심의 세계관에서 벗어나기 위해서 매우 중시되었고, 서양의 앞선 기술의 근간이 된 과학을 이과라는 과목으로 가르치기도 했다.

공작, 가사, 봉재, 농업 등도 눈에 띄는데 비록 엉성하고 거칠기는 하지만 오늘날의 교육과정과 비교해도 크게 다를 바 없는 형식을 갖추고 있었으며, 무엇보다 계동학교에서는 성경을 정규과목으로 가르쳤다.

"거두리로다~"라는 찬송을 즐겨 불러 '이거두리'라는 별명으로 더 알려진 전주 사람 이보한은 한때 계동학교 성경 교사로 아이들을 가르쳤는데 구수한 만담과 익살로 아이들의 인기를 한몸에 받았다.

그는 3·1운동 때는 서울까지 올라가 만세를 부르다가 체포되었다가 풀려났는데, 그 이후로 그는 불령선인不逞鮮人[19]으로 지목되어 늘 감시의 대상이 되었다.

아무튼, 이보한은 거친 면도 있는 기인이었으나 호기豪氣가 넘치는 인물이었다. 언젠가 삼례장터에서 이보한이 사람들을 모아놓고 익살을 부

---

19) 1910년 일제가 자신들의 명령과 지도를 따르지 않고 저항하는 조선인들을 지목하여 만든 용어. 불령선인으로 불러 사찰대상으로 삼았다.

리며 전도를 하던 중 우연히 백낙규 장로를 만났다. 백낙규가 먼저 동련교회 장로라고 자신을 소개하자, 이거두리는 깊숙이 몸을 굽혀 인사를 했다. 나이로 치면 백낙규보다 세 살이 더 많았다.

1917년 전북노회가 창립되던 해 노회 전체에 목사가 15명, 장로가 20명이었다. 어느 지역에 아무개 장로라 말하면 교인이 아니더라도 알고 있을 만큼, 장로는 교회공동체가 속한 한 지역의 지도자로 알려져 있던 시절이었다.

이보한은 백낙규를 처음 보았으나 그의 인품에 대해서는 이미 들어오던 터였다. 어디서든 엉뚱한 언행을 서슴없이 하는 이보한이었지만, 백낙규 장로를 만나는 순간부터 그를 지역교회 지도자로 깍듯이 대접했다.

백낙규는 이렇게 만난 이보한을 권유해서 황등으로 불렀다. 그의 유랑벽 때문에 오래 머물지는 않으나 그는 한동안 계동학교에서 성경 과목을 맡아 가르치며 지역 전도를 하기도 했다.

1924년에는 계원식 장로가 계동학교 교장을 맡아 학교에 활력을 불어넣었으며, 1925년에는 첫 임지로 동련교회에 부임해 온 박연세 목사 역시 바쁜 목회일정 가운데서도 주중에는 교사로 활약을 하면서, 틈만 나면 학생들에게 신앙심을 심어줌과 동시에 민족의식을 크게 고취高趣시켰다. 군산 3·5만세 사건으로 그와 함께 옥고를 치렀던 그의 제자 양기철도 이 무렵 잠시 학생들을 가르치기도 했다.[20]

---

20) 양기철은 구암교회 양응칠 장로의 장남으로 군산 3·5만세 당시 김병수와 함께 옥고를 치렀으며, 김병수가 세브란스를 졸업하고 익산에 삼산의원을 개원했을 때, 김병수의 조수로 일하면서 동련교회에 출석해 계동학교에서 교사로 활동하기도 했다.

박연세로부터 신앙과 애국심에 큰 영향을 받았던 백형남은 전주 신흥학교를 졸업하고 계동학교에서 학생들을 가르치다가 후에 일본에 유학했으며, 돌아와 해방 후 제헌 국회의원으로 활동하다 6·25 사변 때 인민군에게 붙잡혀 순교를 당했다. 그는 백낙규 장로의 넷째 아들이었다.

그 후 계동학교 후원회가 조성되면서 학교시설이 확충되고 학생들의 숫자가 늘어가자, 이를 탐탁하게 여기지 않던 일제는 돌연 황등에 6년제 보통학교를 세우면서 계동학교의 시설과 교사의 자질 등을 문제 삼기 시작하더니 결국에는 행정적인 기준에 미흡함을 지적하며 수업연한을 4년제로 제한했다.

보통학교의 학제가 6년인데 4년만 가르치라고 하면 학제에도 없는 우스운 학교 꼴이 되는 것 아닌가? 말이 되지 않았다.

처음부터 계동학교 교사들의 사상적 배경이나 신앙교육 등을 달갑게 보지 않던 일제는 계동학교를 불령선인不逞鮮人 양성소 취급을 하고, 심지어 개똥학교라 부르며 지역사회로부터 소외시키고자 했다.

이와 같은 일제의 교활하고 끈질긴 제재 가운데에서도 배움의 기회를 잃은 가난한 아이들과 불령선인의 자제, 그리고 학령기를 넘긴 학생들이 열심히 공부했으며 4년의 수업연한을 마친 학생들은 어쩔 수 없이 20~30리 떨어진 학교로 걸어 다니면서 5~6학년을 마쳐야 했다.

계동학교 졸업 대장에 기록된 졸업생 수를 살펴보면[21] 1912년에서 1935년까지 4년제 졸업생이 105명, 6년제로 다시 회복한 1936년에서 폐교할 때까지 6년제 졸업생이 266명이 배출된 것으로 나와 있다.

비록 보통과 과정(4~6)의 기초교육이었지만 고등교육을 받은 이들 못지않게 교회와 지역사회 발전을 위해 크게 이바지했는데, 그들이 계동학교에서 배운 신앙과 인격교육이 큰 자양분이 되었음을 부인할 수가 없다.

---

21) 황등사립계동학교 졸업생 대장(연규홍, "예수꾼의 뚝심", 동련교회 90년사, 동련교회 역사편찬위원회, 1990, pp.44 재인용)

3. 기독교 신앙과 민족의식은 하나

독립운동을 지원하다

1905년 을사늑약으로 외교권을 빼앗은 일본은 한 걸음 더 나아가 조선의 자체적인 화폐 발행을 중지시키더니, 근대화를 위한다는 명목으로 강제적인 차관을 끌어들여 경제권마저 일본으로 예속시켜 나갔다.

빌려온 돈이 조선의 재정상태로는 도저히 갚을 수 없는 액수로 이미 1,300만 엔에 육박하자, 우려의 목소리가 각계각층에서 흘러나오기 시작했다.

대한매일신보에 '남자는 담배를 끊고 여자는 비녀와 가락지를 내어 국채를 갚자'라는 호소가 실리면서[22] 1907년에 국채보상운동이 전국적으로 일어났다. 남녀노소 빈부귀천 따지지 않고 모든 국민이 이 거국적인 모금 운동에 동참했다.

---

22) 독립협회 회원과 만민공동회 간부 서상돈은 대한매일신보(1907. 2. 21)에 국채보상운동의 발기 취지를 밝혔다.

'2월 24일 서울 상사동 이씨 부인이 패물을 팔아 새 돈 2원을 보태다.
3월 1일 김석자 등이 매일 아침밥과 저녁밥을 반 그릇으로 줄여 석 달분 값 2원 70전을 보내다.'

〈대한매일신보〉 의연금 현황 기사에서 보듯 쌀 한 말에 1원 80전 하던 시절이었으나, 부녀자들은 물론 머슴, 백정에 이르기까지 품삯을 모아 낼 정도로 참여의 열기가 뜨거웠던 범국민적 운동이었다. 마치 1997년 IMF 사태를 극복하기 위해 온 국민이 금 모으기에 참여했던 때와 흡사했다.

군산에 객주상회客主商會[23]가 이 지역의 모금 활동의 창구였다. 객주상회에서도 인근의 임피, 김제, 황등, 솜리, 함열, 웅포 등지의 장터 상인들에게도 보상 운동에 참여하도록 독려하고 나섰다.
이때도 백낙규는 황등장을 돌며 적극적으로 앞장을 서서 상인들과 십시일반+匙一飯으로 기금을 모아 보냈다. 주변에서도 백낙규가 나서지 않았다면, 상인들을 규합해 모금하는 일이 쉽지 않았을 것이라고 모두가 입을 모아 칭찬했다.

3·1 만세운동 후 국내외에 수많은 독립단체가 생겨나고 상해에 임시정부가 세워졌다. 그 당시 독립공채 발행하고 국내외에서 모금된 자금

---

23) 개항 이후 일본 상인의 경제적 침탈에 대응하고 상업 발전을 도모하기 위해 군산지역 객주들이 중심이 되어 설립한 객주 단체.

군산객주상회 단체사진(1907)

을 관리하는 임시공채관리 국장이면서 임시정부 재무예산위원으로 활약하고 있던 이는 3·1 만세 사건으로 망명한 김인전 목사였다.

임시정부에서는 국내외 각지에 교통국을 설치하고 연통제를 시행하며 독립운동자금을 조달하기 위한 비밀 연락 조직들을 지역마다 두었다.

이 지역에도 비밀리 활약한 모금책들이 있었다. 익산에서 활동하며 임시정부 공채로 모은 자금을 상해로 보내다가 1920년 밀정의 신고로 군산에서 체포된 소진형蘇鎭亨[24]과 임피에서 활약하던 김갑수, 옥구에서

---

24) 소진형 독립운동 관련 판결문(1922. 4.13.), 경성지방법원, 국가기록원.

활약했던 노춘만, 멜본딘에서 교편을 잡았던 윤석구[25] 등 이 임시정부 비밀 자금책이었다. 익산에서 활동했던 임수명林守明은 조선 독립대동단 소속이었다.[26]

3·1운동 이후 교회를 중심으로 전국적 조직이 된 '대한국민회' 역시 임시정부를 지원하는 역할을 수행했다.

교회를 중심으로 한 전국적 조직이었기 때문에 자연스레 지역교회의 목사와 장로들이 활동의 중심에 있었다. 전북지방에서는 전주 서문교회 배은희 목사가 대표로 참가하고 있었다.

대한국민회 회원은 의무적으로 회비를 내야 했기 때문에, 각 지방의 향촌회에서는 회원 모집과 회비 납부를 독려하는 일에 중점을 두었다. 모여진 자금은 경성사무국 비밀 요처에서 평양으로 이송되었고, 평양에서 다시 안동(현재 중국 단동)으로 전달되었다.

비밀요원을 접촉하든 '대한국민회'에 내는 회비가 되었든 독립운동 자금의 흐름은 극비리로 추진되었기 때문에 늘 숨을 죽였다.

건네는 사람이나 모금하는 사람이나 기록을 남길 수도 없는 위험한 일이었지만 그런데도 그는 자신의 생업을 위해 혹은 가족의 안녕만을 위해 기도하는 신앙인은 아니었다. 그는 망국의 현실을 안타깝게 여기며

---

25) 서천 출신. 한영학교 졸업 후 만주로 망명, 황포군관학교 졸업 후 임정 밀파공작원으로 활약했으며, 1922년 멜본딘 여학교 교사로 잠입해 비밀리 활동했다. 해방 후 군산 제헌 국회의원과 초대 체신부 장관을 역임했으나, 6.25 당시 인민군에 의해 전주형무소에서 총살당했다.
26) 임수명 독립운동 관련 판결문(1920. 4. 7.), 대구복심법원, 국가기록원.

그가 할 수 있는 일을 찾았다.

전북노회에서는 김인전 목사와 독립지사들이 상해 망명을 한 뒤에도 국내에 남아있는 그 가족들을 돕기 위한 정기적인 기도회로 모이기도 했지만, 서슬 퍼런 일제의 감시 아래 불령선인으로 지목된 가족을 섣불리 돕겠다고 나설 수도 없었다. 그는 이때도 적극적으로 협력했다.

나무 심기 운동과 농촌계몽

태평양 전쟁이 막바지에 이르자 전시물자의 원활한 공급에 혈안이 된 일제는 목재의 수요를 충당하기 위해 조선의 산림에 눈을 돌리고, 대규모 벌채를 단행했다.

나중에는 연료마저 부족해지자 소나무에서 송진까지 채취해 송탄유를 제조하는 데 사용했다. 송진 채취를 위해 야산의 목재가 될 만한 소나무들은 생채기투성이었고, 그것도 모자라 어린 학생들까지 동원해 소나무의 관솔까지 공출해 갔다.

도끼로 소나무를 찍어대며 관솔을 채취하는 어린 학생들을 생각해보라! 자칫하면 다치기 일쑤였지만 다치면 되레 정신무장이 해이해져서 다친 것으로 몰아세우고 욕이 되어 돌아오기에 십상이었다.

종일 한 방에 함께 있어도 한마디 말씀을 건네지 않으실 정도로 과묵했던 필자의 선친도 자신이 소나무 관솔을 채취하던 이 시절의 쓸쓸한 추억을 어린 내게도 들려주었던 적이 있다.

당시만 해도 밥 지을 땔감조차 변변히 없었던 시절에 아이들도 죄다 망태기를 짊어지고, 구릉을 따라 솔밭을 뒤지고 다니며 소나무에서 떨어진 솔가리는 남김이 없이 갈퀴로 긁어 담았다. 솔잎은 송진 때문에 참나무 가랑잎보다 인기가 높은 땔감이었다. 긁어갈 솔가리가 없어지면 다음은 가랑잎과 억새 그리고는 죽은 나뭇등걸까지 캐냈다.

대규모 벌채로 산림이 없는 민둥산은 점점 늘어가고 관솔까지 공출하는 상황에서 전국의 야산은 그 황폐가 극에 달했다.
총독부에서는 겉으로는 산림을 보호한답시고 지피물地被物 채취를 금지하는 삼림령을 공포하자, 가난한 백성들은 땔 것조차 구하기 어려워 산림법 위반 희생자만 속출하는 상황이 연출되었다.

관민(?)의 집요한 수탈에 못 견디며 죽어간 삼림은 자연적 복원력을 상실한 상태에서 해마다 장마철만 되면 빗물에 밀려온 토사로 경작물을 망쳐놓기 일쑤였다.
토질이 황토인 이 지역의 주변 논밭은 물론 도로까지 온통 뻘건 황토물에 쓸려가 버리는 수해가 매년 되풀이되고 있었으나 속수무책이었다.
한반도를 강타한 을축년(1925) 여름 대홍수는 익산지역에도 수많은 이재민이 발생하며 말로 할 수 없을 정도로 피해가 컸다. 비가 내리는 하늘을 원망할 수도, 물에 잠긴 질퍽한 황톳길을 불평할 수도 없었다.

조림사업은 장기적이고 적극적인 실시가 필요한 공공정책 사업이라, 관청의 주도적인 개입이 없이는 개인적 차원에서 감당하기 어려운 사안이었음에도 백낙규는 백방으로 뛰었다.

이리번영조합[27], 이리 농림학교, 묘목조합과 심지어 대농장주 박기순[28] 등을 찾아다니며 호소하기도 했다. 일 년을 생각하면 벼를 심고 십 년을 생각하면 나무를 심는다는 옛말이 있듯 나무를 심어 결과를 본다는 것은 시간에 투자하는 일이었다.

성과가 너무도 멀어 기약이 없어 보이는 일이었지만 뽕나무, 소나무, 상수리나무, 밤나무, 감나무 묘목을 구해 필요한 가정에 심도록 했다.

하나님 나라를 일궈 영적인 삶이 성장하듯 헐벗은 강토를 윤택하게 하는 길은 식수임을 강조하고, 해마다 농한기에는 교인들과 함께 나무를 심기도 했다. 후일 백낙규의 열정으로 유실수를 심어 과수원을 하게 된 자도 있었다.

---

27) 오하시농장(大橋農場)의 대표인 오이치 요이치(大橋與市) 등 익산에 거주하는 일본인 농장주들과 상공인들이 설립한 단체. 시가지 계획과 교육기관 및 관공서 등의 설립 및 이전에 관여했으며, 호남선 철도역과 이리농림학교를 유치하기도 했다.
28) 전북 지역의 대지주이자 실업가로 친일인명사전에 수록되어 있다.

4. 선교적 공동체를 지향하며

선교적 교회로서의 역할

초기 선교사들은 군산선교부 관할 사역지를 3개 구역으로 나누어[29] 동부는 하위렴, 남부는 부위렴, 북부는 매요한이 분담해 서로의 구역을 넘나들지 않고, 같은 구역에서 중복되는 순회나 개척은 피한다는 선교적 원칙을 정했다.

"또 내가 그리스도의 이름을 부르는 곳에는, 복음을 전하지 않기를 힘썼노니, 이는 남의 터 위에 건축하지 아니하려 함이라" (롬 15:20)

선교사들의 활약으로 해를 거듭할수록 곳곳에 세워지는 교회의 숫자

---

29) Minutes of Twenty-Sixth Annual Meeting of the Southern Presbyterian Mission in Korea (1917), pp.33-34 하위렴 선교사의 순회구역인 군산 동부구역(익산의 대부분과 옥구와 부여의 일부)에는 19개 교회와 373명의 세례교인과 138명의 학습교인이 있었다. 매요한이 맡았던 군산 북부구역은 충남의 비인, 남포, 한산과 홍산 일부였으며, 부위렴이 맡았던 군산 남부구역은 부안, 김제, 옥구와 익산의 일부를 포함했다.

는 점차 늘어갔다. 반면에 개척되는 교회가 많아질수록 선교부의 제한된 인원의 선교사들이 감당하는 정기적인 순회방문의 회수는 점점 줄어들었다.

1917년 남장로교 선교부 제26차 연례회의에 제출된 보고서를 보면, 동련교회가 속해 있는 군산 동부구역을 관할하던 하위렴 선교사의 개별교회 순회방문 횟수가 연 2회라고 보고하고 있다.

이 기록으로 미뤄본다면, 1900년에 세워진 동련교회에 1920년 황재삼 목사가 부임할 때까지 거의 20년 가까이 연 2~3회 방문하는 선교사를 대신해 거의 백낙규 혼자 교회를 이끌어 온 셈이 된다.[30]

그 당시에는 선교사에 의해 교회만 개척되어 있었지 담임 목회자가 없는 교회가 대부분이었기 때문에, 이런 사정은 동련교회뿐만이 아니고 선교부 소속의 모든 교회가 마찬가지였다.

이렇게 목회자가 없는 상황에서도 동련교회는 스스로 모체母體가 되어 자녀교회를 태동시키고 있었다는 점은 눈여겨볼 만하다.

그 당시 동련교회에 분립을 감당할만한 훈련된 제자들이 있다거나, 더더욱 재정적 여유가 있는 교회도 아니었음에도 분립을 이뤄낸 것은 성령님의 놀라우신 역사라고 밖에는 다른 어떤 말로도 설명할 수 없는 놀라운 일이었다. 이것은 모 교회로부터 자생한 고백공동체가 분립되면

---

30) 황계년 장로는 1917년 장립되었으나 1919년 김제로 이사하여 교회를 떠났다가 1927년 다시 돌아와 시무했다. 계원식 장로는 황재삼 목사 부임 이후 1921년에 장립되었다.

서, 자연스럽게 자녀교회의 발생으로 이어지는 또 다른 형태의 선교 결실이었다.

동련교회는 교인들을 끌어다 내 교회만을 채우면 된다는 식의 협소한 성장 만을 추구하지 않았다. 오히려 지역적으로 멀리 떨어진 곳에 거주하는 교인들이 포자를 이룬다 싶으면, 형성된 포자胞子가 자연스럽게 떨어져 나와 교회분립을 이룰 수 있도록 했다.

이것은 단지 의도적으로 계획된 교회개척이 아니라 철저히 성령님의 인도하심 속에 이루어지는 이상적인 교회분립이었다.

포자 교회와 교회분립

1907년에 용산교회의 분립은 동련교회가 세워진 지 6년 만의 일로, 백낙규가 세례받고 3년이 채 지나지 않아서였다.

더구나 목회자는 물론 장로도 세워지지 않은 미조직 상태에서 교회분립이 이루어졌다는 것은 초기교회 시절부터 동련교회가 얼마나 선교공동체라는 교회적 사명에 충실했는지를 말해주고 있다.

동련교회가 최초로 1907년 교회분립을 시도하며 백낙규와 초기 교인들이 가졌던 생각은 무엇이었을까?

백낙규가 처음 복음을 접할 때 들었던 첫마디가 하나님의 나라였다. 하나님의 나라는 그의 신앙을 이끌었던 화두였다. 그는 하나님의 통치가 이 땅에서 이루어지기를 진실로 염원하며 모든 백성이 함께 이뤄가야 할 하나님 나라를 소망했다.

이 땅에 더 큰 교회가 세워져 가기를 원했던 그는 이것이 교회론의 가장 큰 주제임을 알았을까?

분립이라는 것이 교회의 이름만 새롭게 지어 나가는 것이 아니라, 나뉜 교회가 홀로 설 수 있도록 성도를 떼어내고 재정을 나누는 일이기 때문에, 선교가 교회 기능의 일부가 아니라 본질이요 존재 목적이라는 선교적 교회로서 뚜렷한 목표를 갖지 않고는 결코 쉬운 일이 아니다.

백낙규 장로의 생전에 용산교회(1907), 황등교회(1928), 금암교회(1932) 등 3개의 교회를 비롯해 해방 후 지금까지 대성교회(1952), 신기교회(1961) 삼광교회(1980) 등 총 6개의 교회를 분립한 동련교회는 개교회의 성장을 넘어 많은 포자 교회들을 이 지역에 세워가며, 어머니 교회로서 선교적 사명을 감당해오고 있다.

더 놀라운 것은 분립해 나간 교회들도 같은 방식으로 역시 분립을 거듭해 가고 있다는 사실이다. 박공업, 허성일, 이성중 3인이 중심이 되어 분립해 나간 용산교회가 3년 후인 1910년 예배당을 신축 봉헌하였고, 1923년에는 박공업 장로를 장립하여 16년 만에 조직교회가 되면서 교회가 성장하자, 1934년 함열에 다송교회를 분립시켰다.

그 후로도 1951년 구자 제일교회를, 1961년에는 용산 중앙교회를 분립시키며 현재에 이르고 있다.

분립된 모든 교회가 다 자연스러운 포자 교회만은 아니었다. 황등지역에 의원醫院을 열었던 계원식이 1921년 장로로 장립되어 백낙규와 황계년과 더불어 동련교회 삼총사라 불리며 교회의 기초를 다져가는 중에 돌연 1928년 계원식 장로를 중심으로 한 몇몇 교인들이 황등지역에 분립을 요구하고 나섰다.

면 소재지에서 의원을 하는 계원식은 원래 평양 사람이었다. 그가 군산 구암병원에서 의사로 있을 때 그를 무의촌이었던 시골 황등에 불러들인 이는 백낙규였다.

그가 이 지역의 유일한 의사요 또 장로로서 계동학교 교장까지 맡아 지역사회에 봉사하며 솔선수범을 보이자, 모든 교인으로부터 기대와 존경을 한몸에 받았을 뿐 아니라 이미 면민들 사이에서도 모르는 사람이 없을 정도로 명망을 얻고 있던 터였다.

그 당시 동련교회는 박연세 목사가 교회를 신축하고 떠난 후 김중수[31] 목사가 부임해 2년 정도 지나 막 부흥하던 참이었다. 호사다마랄까 부흥에 대한 후유증이었는지는 모르지만, 얼마 가지 않아 일부 교인들이 동련교회와 얼마 떨어지지 않은 면 소재지에 교회분립을 제안하고 나섰다.

---

31) 전북 옥구 출생, 평양신학교 13회 졸업생으로 이리교회, 옥구 신덕교회를 거쳐 동련교회 5대 당회장으로 1926-1928년 시무했다.

양기철[32]을 중심으로 몇몇 성도들이 계원식을 끌어들였을 때만 해도 그는 지나가는 말로 듣고 완곡하게 거절했지만 내심 싫지는 않았다.

그가 황등에 들어온 지도 이미 7년이 지나고 있었고, 비록 객지였지만 교회를 세운다 해도 못 할 것도 없다는 생각이 슬며시 들었다. 그러나 백낙규와 동련교회에는 차마 말을 꺼내지 못하고 입을 다문 채였다.

왜냐하면, 노회의 내규상 동련과 황등은 너무도 지근거리至近距離였기 때문이기도 했지만, 면 소재지 인근에 거주하는 교인들을 떼내 분립을 요구한다면, 동련교회가 어려워질 것은 불 보듯 뻔한 일이기도 했기 때문이기도 했다.

그뿐 아니라 동련교회와 계동학교의 비전을 제시하고, 교회와 지역사회를 위해 함께 일하자고 그를 장로로 세워가며 의기투합을 해오던 백낙규에 대해 등을 돌리는 일 같아 선뜻 내세울 수도 없었다.

처음부터 분립요건이 충족되지 않는 상황이었음에도 불구하고, 시간이 지나면서 계원식은 뒤로 물러선 채 일부 교인들은 계속 당회에 분립을 요구하고 있었다.

당회도 쉽게 결정하지 못하고 있다가 결국 제22회 전북노회 정기 회집 때에 분립 청원을 헌의했다. 노회도 쉽사리 결정을 내리지 못했다. 지리적으로 황등은 면 소재지였지만 거리상으로 보면 허락할 형편이 되지 못했기 때문이다.

---

32) 영명학교를 졸업하고 익산에서 의원을 개업한 김병수의 조수로 일하며 동련교회에 출석했다.

황등지역에 분립하겠다는 계원식과 몇몇 성도들의 무리한 요구로 말미암아 노회 역시 고민하고 있었음이 노회록에도 그대로 드러나 있다.

> "동련교회 내에서 황등에 교회 분립하여 달라는 청원은 그 서류가 불분명하여 반려하고, 윤식명 황재삼 양 씨에게 분립전권을 위임하여 살핀 후에 분립케 하시오며…"[33]

백낙규는 이때도 큰 걸음을 뗐다. 하나님 나라의 확장이라는 큰 그림의 틀 안에서 바라보고자 했다. 비록 계원식 장로를 중심으로 하는 황등교회의 분립은 큰 타격이 되는 줄을 누구보다 잘 알고 있었지만, 그런 이유에만 매달리지 않았다. 오히려 새롭게 부임한 김중수 목사를 통해 황등교회의 청원을 받아달라고 노회에 요청했다.

이렇게 해서 1928년 황등교회가 나뉘었다. 1928년 5월 24일 계원식 장로를 중심으로 나뉘어 나간 황등교회 역시 성장을 거듭하면서 1953년 삼성교회, 1954년 신흥교회, 1990년 율촌교회를 분립시켰다.

1932년 금암교회가 분립해 나갈 때도 동련교회는 장치오 장로를 임시 시무장로로 파송할 정도로 분립에 협조적이었으며, 금암교회의 한 성도가 희사喜捨한 대지 2백 평의 땅에 교회를 건축하여 헌당하고, 구연직 전도사를 초대 교역자로 청빙할 때까지 교회설립을 도왔다.

금암교회 역시 그들이 분립해 나온 것처럼 분립을 거듭하며 교회를

---

33) '전북노회 회의록' 제14-23회, pp.489 (연규홍, "예수꾼의 뚝심", 동련교회 90년사, 1990, pp.102 에서 재인용)

세워나갔다. 심지어 교리와 교회정치가 모 교회와 전혀 다른 타 교단으로 분립해가기를 원하는 성도들이 있을 때(1964)에도 개의치 않고, 분립(나사렛 성결교회)을 허락한 금암교회는 1970년에 또다시 황등 중앙교회를 분립시켰다.

이처럼 동련교회는 초기부터 포자 교회의 분립을 지속적으로 해 왔지만, 한 번도 교회 내부적 큰 갈등이나 문제로 이어진 적이 없었다는 점이다. 분가해서 보내고, 나가는 방식과 절차에서 조그만 잡음도 없이 평화적으로 진행되었다는 점에서 의미가 깊다.

그뿐 아니라 포자 교회가 모 교회가 되어 또다시 포자 교회를 분립해 가는 아름다운 전통이 이 지역에 세워지게 된 점이다.

최근 들어 성장주의가 오히려 교회의 위상을 떨어뜨리고 아이로니컬하게도 교회성장 자체를 저해하는 요소로까지 지적받는 시대적 상황임을 감안해 볼 때, 동련교회는 초기교회 시절부터 포자 교회를 통한 교회분립이라는 전통을 세우고, 이미 1960년대부터 성도가 200명을 넘으면 교회를 분립하겠다는 남다른 원칙까지 세워놓았다는 것은 초대교회의 선교적 본질을 잘 이해하고 실천하는 교회라 칭찬받을 만하다.

흩어져 나누고 섬긴다는 동련교회의 분립 원칙은 초기교회 시절부터 면면히 이어온 전통으로 오늘까지도 현재 진행형이다.

동련교회를 비롯한 초기교회들이 시도했던 교회분립을 통한 전도방법은 한국교회 전체가 꼭 되돌아봐야 할 모범적 사례라는 생각이 든다.

제 6 장

갈등을 넘어 토착화로

1. 토착화 과정의 전개

예양협정과 선교구역의 분할

1884년 미국의 북장로교 선교사들의 내한을 시작으로 1892년에는 남장로교가 뒤를 이었고, 잇달아 호주와 캐나다 장로교회가 들어왔다. 짧은 기간에 각국 선교사들이 파송되면서 선교부 간의 갈등과 혼선도 적지 않았다.

각 교단 선교부에서는 선교부 간의 소모적인 경쟁을 피하고, 선교 효율을 제고提高하기 위한 방안으로 '선교사 공의회'를 조직해 선교구역의 분할에 대한 논의를 시작했다.

분담 논의에 가장 적극적인 교단은 그 당시 가장 영향력이 컸던 미국의 남, 북장로교였다. 장로교 선교부의 연합체인 선교사 공의회는 비록 선교지를 분담해 사역한다 하더라도 조선에 하나의 장로교회를 세우도록 힘쓴다는 점에 원칙적으로 합의했다.

1905년에는 그동안 미온적이었던 감리교와도 협의를 지속하면서 미국의 남, 북감리교 선교부가 포함된 '장감연합공의회'로 확대 조직하고, 여러 차례 조율 끝에 1909년 9월 효과적인 사역을 위한 선교지역 분담에 합의했다.

그 뒤로도 몇 차례의 조정이 뒤따랐으나 대략 다음과 같이 선교지역이 분할되었다. 미국 북장로교는 서울과 평안도, 황해도와 충청북도 일부 지역과 경상북도를 맡았고, 미국 남장로교는 전라도와 충청도 일부와 제주도, 캐나다 장로교는 함경도 그리고 호주장로교는 경상남도를 맡았다.
북감리교는 평안도, 황해도, 경기도, 충청북도와 강원도 일부 지역, 남감리교는 함경남도, 경기도, 강원도 일부 지역을 맡기로 했다.

이 협정은 선교부 간의 상호존중과 양보 차원에서 이루어졌다는 점에서 예양협정禮讓協定/Comity Arrangement이라고 불렸다. 그 후로 이 예양협정은 한국 선교에 참여하는 교파와 교단이 숙지해야 할 암묵적인 원칙으로 존재했다.

예양협정에서 눈여겨보아야 할 것은 분할된 지역마다 서로 다른 교단적 성향을 가진 선교사들이 예양협정의 결과로 정해진 그 지역의 문화와 통섭通涉하면서 독특한 토착화를 주도했다고 볼 수가 있다.

선교지역을 나눔으로써 교단 간의 갈등을 해소하고 선교 효과를 제고提高 하겠다는 동기에서 시작했지만, 해당 선교회의 교단적 성격이 각

지역에 이식되는 바람에 그 후에 한국의 장로교가 일치와 협력을 이야기할 때조차도 지역과 연관된 교단과의 연결고리를 붙들면서 분열의 양상을 보였고, 게다가 1930년대의 교권 대립과 해방 후 교단의 분열을 거치면서 오히려 지방색을 심화시켰다는 부정적 견해도 있다.

〈예양협정(禮讓協定)에 의한 선교지 분할〉[1]

---

1) "이상규의 새롭게 읽는 한국교회사" (17) 초기선교정책:선교지 분담정책, 〈국민일보〉, 2011. 06. 23 일자

예양협정으로 인한 선교지가 분할되고 각 선교부에 할당된 지역이 맡겨지자, 각자 교단의 특색을 살리면서 선교사들의 헌신적인 사역이 시작되었다. 선교사들의 교단적 배경과 문화적 토양의 활발한 상호교섭을 통해서 한국교회는 풍성한 열매를 거두며 도약하기 시작했다.

다양한 문화적 토양

'선교란 결국 다른 문화적 토양에 복음을 전파하는 활동'이라 정의할 때 복음이 만나는 문화적 토양은 기독교와의 접촉 이전의 전통을 의미할 것이다.

복음이 고유한 문화적 토양에 뿌려져 토착화를 이루는 것이라면, 이 땅에 뿌려진 복음과 한국적 토양의 교섭交涉을 통해 얻는 하나님 나라의 모습은 한국적 기독교가 되어야 할까? 아니면 기독교적 한국이 되어야 할까? 이것에 대한 대답은 흐려질 수밖에 없다.

왜냐하면, 선교는 복음이 중심이어야 하지만 복음을 수용하는 문제는 문화적 토양을 떠나서 생각해 볼 수가 없기 때문이다.

마찬가지로 조선에 파송되어 복음을 전한 선교사들의 교단과 신학적 배경만큼이나 이 땅의 문화적 토양 역시 다양하게 존재하고 있어, 토착화에 있어서 큰 차이를 보였다는 점을 눈여겨보아야 할 것이다. 마치 강남의 귤을 화북에 옮겨 심으면 탱자가 되듯 어떤 기후와 토양에 뿌려지느냐에 따라 결실이 달라지기 때문이다.

그렇다면 우리가 복음을 접하기 이전에 가지고 있었던 토양들을 살펴보는 것이야말로 초기 한국기독교의 토착화를 이해하는 지름길이 될 것이다.

첫째는 보수주의保守主義적 토양이다. 조선조 5백 년 동안 주자학의 강한 영향에 기반을 둔 사람들이 받아들인 기독교는 성경을 유교적 경전처럼 이해했다. 초기교회 당시 그들은 규범적 신앙구조를 당연시하고, 심지어 신분제 사회의 위계질서를 교회에도 적용하려 했다.

선교 초창기 서울에서 새뮤얼 무어Samuel Moor 선교사가 개척한 곤당골교회(후에 승동교회)에서는 백정 출신의 박성춘이 장로로 선출되자[2], 양반 신자들이 이에 반발하고 떠나 안국동에 안동교회를 세운 적이 있고, 연동교회에서는 가죽 신을 만드는 고찬익 집사가 장로에 선출되자, 그 교회의 양반 신자들이 이탈하여 묘동교회를 설립하던 시절이었다.

이처럼 반상班常이 나뉘어 예배를 드렸다는 웃지 못할 이야기는 신분제 사회의 전통을 당연시한 토양에 기인했다고 볼 수 있다.

그뿐만 아니라 유교적 토양에 뿌리를 내린 기독교는 종종 교회의 직분을 서열의 직제로 이해하기도 하고, 교회 안에서 직분자들 만이 주도적인 기능을 감당해야 하는 것처럼 여기기도 했다.

지금까지도 보수주의를 내세우는 일부 교회에서는 기득권에 집착해

---

2) 사무엘 무어 선교사에 의해 전도가 된 박성춘은 이름도 없이 박가로 불렸고 아들 역시 봉주리로 불렸는데, 그 아들이 훗날 한국인 첫 양의사 박서양(1887-1940)이다.

문제를 일으켜 오기도 했으나, 한편으로는 그들이 주류가 되어 교회 성장을 이끌어 온 것도 부정할 수 없는 현실이다.

둘째는 기복주의祈福主義적 토양으로 민간에 오랫동안 전래된 무속적 신앙 배경을 가진 사람들에게 뿌려진 복음은 영적 체험과 은사 중심 신앙을 강조한다.

교회와는 별도로 기도원을 활성화하면서 신비주의를 지나치게 내세워 이단異端을 양산해 냈다는 지적을 받기도 했지만, 반면에 오중 복음, 삼박자 축복 등을 구호로 내세우며, 이 땅에서도 잘 믿어 현세적 축복을 누리자는데 초점을 맞추기도 한다.

신앙 안에서 현실적 성공과 번영을 함께 지향하는 축복 중심의 신앙은 무엇보다도 불신자를 끌어내는 데 큰 역할을 감당하며 한국교회에 활력을 불어넣기도 했다. 교파를 떠나 한국교회 안에 커다란 축을 이루며 기복주의 영성으로 자리를 잡았다.

셋째는 이상주의理想主義적 토양이 있다. 참선이나 수행과 같은 불교적 전통 위에 혹은 인위적 세상과 거리를 두는 도가적 전통의 토대 위에 복음이 받아들여진 경우이다.

영성의 의미를 환원還元적으로 사용하며 금욕주의적 자기부정이나 청빈을 내세우기도 하고, 수도원적 묵상과 비움을 강조한다. 가톨릭과 같이 일반화되어 있지 않지만, 개신교 안에서도 꾸준히 존재해 왔다.

동광원의 이세종 그의 제자 이현필, 최흥종, 강순명, 유영모, 함석헌, 엄두섭 같은 분들이 대표적이다. 교단을 이루었다기보다 개별적 공동체

신앙으로 맥을 이어가고 있다.

넷째로 실천주의實踐主義적 토양이다. 개인의 변화와 사회 개혁을 함께 열망하는 민중의 바람을 종교적 가르침에서 찾으려 한다.

미륵신앙처럼 우리 민족의 심성 속에 유구하게 내재해오기도 했지만, 때로는 동학과 같이 외부로 드러나기도 하면서 사회적 불평등과 불의에 실천적 참여를 내세운다.

하나님의 형상으로서 회복은 언약 공동체의 완성 속에 있다고 보고 진정한 하나님 나라를 이 땅에 이루기 위한 실천적 믿음을 강조하며, 믿음은 행함으로 온전해진다는 신행일치信行一致를 주장하기도 한다.

1970년대 군부독재에 항거하며 민중신학과 같은 진보적인 신학을 태동시키기도 했다.

이처럼 서로 다른 토양에서 수확된 토착화의 결실은 다채로운 모습을 보여 주기도 했지만, 한편 다양한 결실만큼 극심한 분열의 요인이 되기도 했다.

그러나 결과적으로는 한국교회의 궤적과 활동의 폭을 크게 넓혀줌으로써 기독교 전체적인 성장을 이끌어 낸 동력이 되었다는 긍정적인 평가도 있다.

복음의 수용성과 교회성장

풀러신학교에서 교회성장학을 가르친 도날드 맥가브란Donald A. McGavran 박사는 3대째 인도 선교에 헌신한 선교사의 아들로 태어나 자신도 30여 년을 인도에서 선교사로 사역했다. 그는 오랜 선교사역을 바탕으로 많은 선교이론과 방법을 제시한 학자이기도 했다.

그는 자신이 인도에서 사역하는 동안 자신이 속해 있는 선교부에 80여 명의 선교사와 다섯 개의 병원, 그리고 여러 개의 초등학교와 중고등학교 그리고 나환자촌을 운영하면서 그 당시 한 해 평균 125,000달러 이상을 쓰는데도, 일 년에 겨우 50여 명의 결신자를 얻는 것조차도 쉽지 않았음을 분석하면서 왜 이렇게 유난히 인도에서만 선교가 어려운지 궁금해했다.

이것이 계기가 되어 맥가브란은 다양한 방법을 동원해 복음에 대한 집단의 반응 정도를 오랫동안 연구한 결과, 놀랍게도 복음을 비교적 쉽게 받아들이는 집단과 반대로 복음에 저항적인 집단이 있음을 알아냈다. 이것은 복음의 전파방법이나 노력과 관계없이 복음에 대해 집단의 반응 정도가 미리 결정되어 있다는 것을 의미했다.

사도 바울도 이것을 알았을까? 1차 전도여행 시 비시디아의 안디옥에서 만난 유대인들이 악의적으로 복음을 거부하고 훼방할 때, 이방인에게로 발길을 돌리지 않을 수 없음을 이야기하고 있다.

"하나님의 말씀을 마땅히 먼저 너희에게 전할 것이로되 너희가 버리고 영생 얻음에 합당치 않은 자로 자처하기로 우리가 이방인에게로 향하노라"(행 13:46)

배타적 선민의식에 사로잡혀 심통을 부리는 유대인들이 거부한 복음은 자연스럽게 이방인에게 전파되는 결과로 이어졌고, 바울과 그 일행은 이사야 49:6절[3]의 예언을 자신들에게 적용하며 이방 선교의 의지를 피력하고 있다.

이미 바울의 사례에서 정당성을 획득한 맥가브란은 자기 연구를 재조명하면서 이러한 현상을 수용성Receptibility이라 정의했다. 그리고 이 수용성에 따른 사회집단을 분류했는데 일반적으로 전통사회가 붕괴되고 새로운 문물과 사상을 동경하는 사회, 무력으로 정복당하거나 통제가 심해 정치, 경제, 사회가 불안한 사회일수록 수용성이 높은 것으로 조사가 되었다.

결론적으로 맥가브란은 선교 효과를 극대화하기 위해서는 우선적으로 복음에 민감한 지역을 선택하고, 수용적인 집단에 먼저 복음을 전해야 한다고 주장했다.

그의 선교이론은 다시 그의 제자들에 의해서, 단지 복음의 씨앗을 뿌리는 파종선교가 아니라 복음의 열매를 거두어야 한다는 추수선교에 초

---

[3] 사 49:6 "… 내가 또 너로 이방의 빛을 삼아 나의 구원을 베풀어서 땅끝까지 이르게 하리라"

점이 맞추어지면서 크게 각광을 받기 시작했고, 20세기 선교전략으로 널리 채택이 되었다.

맥가브란의 이론대로라면 쇄국과 개화, 조선을 둘러싼 열강의 다툼 그리고 국권의 상실로 이어지던 이 시기의 조선 사회는 복음에 대한 수용성이 가장 고조가 되었던 시기라고 볼 수 있으며, 결국 이 같은 고조된 수용성 위에 복음이 토착화됨으로서 초기 한국교회의 급속한 부흥과 성장을 이루었다고 말할 수 있다.

2. 도약과 성장

뜨거운 성령의 역사

높은 수용성은 놀랍게도 성령의 역사하심으로 이어졌다. 1907년 1월 평양 장대현교회 사경회에서 시작된 뜨거운 성령의 역사가 지역과 교단을 넘어 확산이 되면서, 본격적인 부흥 운동으로 이어지기 시작했다.

이와 같은 전국적인 부흥 운동[4]은 혼수상태에 있던 백성들의 심령을 일깨우며 한국교회에 놀라운 도덕적 각성을 불러일으켰다.

예를 들면 금연, 금주, 노름, 일부다처제와 같은 사회적인 폐습과, 우상숭배를 청산하며 사회 전반에 걸쳐 큰 변화를 가져오기도 했다.

기독교 신앙이 점차 뿌리를 내려가며 교회는 빠르게 부흥되기 시작

---

4) '원산부흥운동'은 좁은 의미로 1903년 원산에서 남감리회 선교사 로버트 하디(R. A. Hardie, 1865~1949)가 인도한 사경회와 부흥회를 지칭하지만, 넓은 의미로는 1903년 하디 부흥회 이후 1907년 '평양대부흥운동'이 일어나기 전까지 지속된 한국교회 부흥운동을 일컫는다.

했다. 때마침 세계적 부흥사들이 내한해서 한국교회 부흥에 대한 비전을 더욱 견고히 해주었다.

부흥사 일행으로 방문한 교회음악가 하크니스Robert Harkness[5])는 "올해에 백만 명을 구원하여 주소서"A Million Soul for Christ란 찬송을 작곡해서 불렀는데, 부흥회 내내 선풍적인 인기가 있었다.

1909년에는 선교부 연합공의회에서는 이 찬송가 제목을 표어로 채택하고, 선교부 차원에서 '백만인구령운동'을 전개하기로 결정했다. 이 결정에 따라 조선예수교장로회 제4회 독노회가 평북 선천에서 열렸을 때 8개 대리회에서 '8인의 백만명 위원'[6])을 임명하고 '백만인구령운동'을 실행에 옮겼다.

조선에 본격적 선교가 이뤄진 지 10여 년 만의 일이었다. 조선 전체의 기독교 인구가 17만 5천여 명이 채 되지 않는 상황이었음에도, 교파와 교단을 초월해서 뜨거운 열정과 믿음을 가지고 구령 운동을 추진했다. 전도대가 지역별로 조직되어 "백만 명을 예수에게로"라는 주제 찬송을 부르며 전국을 누볐다.

특히 이 주제 찬송은 나라를 빼앗긴 암울한 현실 속에서 한국의 희망이 하나님께 있음을 노래함으로 성도들에게 커다란 위로와 소망을 주었다.

---

5) 장로교의 윌버 채프만(J. Wilbur Chapman) 목사의 부흥선교단은 복음성가 가수인 찰스 알렉산더(Charles M. Alexander), 작곡 및 연주자인 로버트 하크니스(Robert Harkness)와 데이비스(G.T.B. Davis) 목사 등이 함께 내한하여 순회부흥회를 열었다. 피어선(Arthur Pierson) 박사, 감리교의 모리슨(H. C. Morrison) 박사 등도 함께 내한하여 활동했다.
6) 이여한, 우종서, 김기원, 길선주, 부위렴, 변요한, 노세영, 김창보 등 8인이었다. 군산선교부 부위렴, 목포선교부의 변요한 선교사가 포함되어 있다.

찬송가 267장, 1908

1910년 들어 '백만인구령운동'은 전국적인 운동으로 확대되었다. 한국을 방문해 전국의 주요지방을 순회하며 부흥회를 인도한 조지 데이비스 George T. B. Davis 목사는 3개월간 '백만인구령운동'의 현장을 목도하고 놀라움을 이렇게 묘사했다.

"내가 가는 곳마다 나는 '백만인구령운동'에 대한 열렬한 관심을 발견했다. 선교사들은 이 운동을 위해 기도하고, 사역하고, 인도하고 있었고, 반면 한국인들은 여러 날을 연보로 드리고, 무한한 열심과 열정으로 이웃을 전도하기 위해 복음서를 구입했다. "올해에 백만 명"이라는 외침은 번개처럼 한국 전역을 휩쓸었고, 한국인은 영혼 구령자로서 비교할 수 없는 열정을 증명해 주었으며, 수백 명이 천국 백성이 되었다."[7]

---

7) George T. B. Davis, "Progress of the Million Movement," The Korea Mission Field, Vol. 5, No. 3, Mar. 1910, pp.56

데이비스가 1910년 1월에 방문한 군산, 전주, 광주, 목포, 공주, 해주, 평양 지역 모두 '백만인구령운동'으로 불타올랐고, 첫 방문지 군산에서의 집회는 교회[8]가 비좁을 정도로 많은 사람이 모여들었다.

그는 첫 방문지 군산 지역을 "추수를 기다리는 하얀 들판" The Fields White for the Harvest 이라 묘사하며 자신이 방문한 지역 어디서나 그와 같은 놀라운 성장이 계속되고 있음을 보고 놀라워했다. 직접 그의 말을 빌린다면,

"내가 느낀 기쁨을 말로는 기술할 수 없고 내가 받은 축복도 다 기술할 수 없다."[9]

라고 언급하며 교회사에서 가장 놀라운 선교운동의 한가운데 자신이 서 있었다고 흥분을 감추지 못했다.

남장로교 한국선교사를 정리한 〈한국선교 이야기〉의 저자 조지 브라운 George T. Brown 은 한국선교를 시기별로 정리하면서, 특별히 이 시기 (1904~1910)를 '위대한 전진'의 시기로 불렀다.[10]

---

8) 위의 책. pp.56 (그 당시 부위렴 선교사가 담임하고 있던 구암교회로 추정.)
9) 위의 책. pp.56
10) 조지 브라운(George T. Brown/부명광), "한국선교 이야기", 인돈학술총서 Ⅰ, 천사무엘, 김균태, 오승재 옮김, 동연, 2010, pp.85 (조지 브라운은 유니온신학교를 졸업하고 한국선교사로 활동했으며, 후에 남장로교 해외선교부 총무로 사역했다.)

제6장 갈등을 넘어 토착화로   243

지역별 복음화율

독특한 문화적 토양 위에 뿌려진 복음의 씨앗은 암울한 역사의 격변기를 지나면서도 고조된 수용성과 뜨거운 성령의 역사에 힘입어, 서서히 뿌리를 내리더니 다양한 결실을 맺기 시작했다.

2005년 통계청의 자료를 근거로 한 대한민국 복음화 지도를 보면, 놀랍게도 전북 군산, 익산, 김제 일대와 전남 신안군 일대 그리고 인천 강화지역을 중심으로 서남해안에 유난히 높은 복음화율(30~35%)을 보이며 바이블 벨트Bible Belt를 이루고 있다.

지역적으로 복음화율에 차이를 보이는 부분에 대해서는 앞으로 깊은 연구가 필요한 부분이지만 특별히 호남지역의 높은 복음화율은 군산, 목포와 같이 신문물이 손쉽게 들어 올 수 있었던 개항장이라는 이유와, 이 지역의 주민들에게 복음, 교육, 의료선교를 통전적으로 펼친 남장로교의 주효했던 선교전략을 꼽을 수 있고, 무엇보다도 선교사 자신들이 한국인의 입장에서 압제의 고통을 함께 나눔으로써 큰 공감을 일으켰기 때문이라 여겨진다.

예를 들어 군산 3·5 만세운동 당시 탄압의 현장을 직접 목격하고 국내외에 알리며 배후에서 지원했던 영명학교 교장 인돈William A. Linton의 활동과, 전주 3·13 만세운동의 주모자로 수배를 받던 서문교회 김인전 목사를 상해로 망명하도록 주선한 신흥학교 교장 여부솔F. M. Eversole의 용기있는 행동 등이 세간에 알려지면서, 선교사들은 곧 우리의 조력자라는 인식이 주민들의 뇌리에 자리를 잡아갔다.

　이와 같은 일련의 사건들은 자연스레 지역 선교를 이끌어 가는 촉진제가 되었다.

　특히 동학 농민항쟁과 일제의 수탈로 피폐해진 이 지역에서 사역했던 남장로교 선교사들의 헌신적인 사역과 활동은 이외에도 일일이 거론할 수 없을 정도로 많지만, 전북 선교에 지대한 영향을 주었던 전킨, 레이놀즈, 하위렴, 부위렴, 잉골드, 인돈, 맥커첸 등과 전남지역 선교를 담당한 유진벨, 니스벳, 서서평, 오웬, 포사이드, 윌슨, 맥컬리 등은 선교사를 넘어 차라리 조선의 근대화를 이끌어준 선각자들이었다.

　남, 북장로교로 갈라져 있던 미국의 장로교가 1983년 '미국장로교'(PCUSA)로 통합이 되면서 내한 선교부의 리더십을 한국교회로 이양하고 선교사들이 떠나갔지만, 남장로교 선교사들은 마지막까지 자리를 지키면서 가난하고 척박했던 이 지역의 주민들에게 사랑으로 배가 부르는 법을 가르쳐주었다.

지역별 복음화율

3. 갈등과 분열의 아픔을 견디며

혼돈과 압제로 이어지던 모진 격랑의 역사를 딛고, 선교사들에 의해 뿌려진 복음의 씨앗이 점차 뿌리를 내리며 꽃을 피우기 시작했다.

고조되어 있던 수용성에 뜨거운 성령의 기름 부으심이 있자, 두렵고 떨리는 수많은 일이 곳곳에서 일어나 부흥을 이끌었다. '원산부흥운동'(1903)이 '평양대부흥운동'(1907)과 '백만인구령운동'(1910)으로 이어지면서 교회는 지역과 교파를 넘어 눈부신 도약과 성장을 거듭해 갔다.

황국신민화를 강요하던 일제에게 있어서 기독교의 부흥은 눈엣가시였다. 그들은 내선일체를 내세우고 신사참배를 강요해 민족혼 말살과 기독교의 탄압을 동시에 겨누기 위해 꾸며냈던 교활한 음모는 1937년 대륙침략의 야욕을 드러내는 중일전쟁이 시작되면서 곧바로 현실로 다가왔다.

1938년 9월 조선예수교장로회 제27회 총회가 평양 서문밖교회에서 열렸다. 일제는 무력까지 동원해 참석한 대의원들을 위협하고, 삼엄한 분위기 속에서 신사참배를 가결시켰다. 총회에서 신사참배가 가결되자 총독부에서는 기다렸다는 듯이 교회의 모든 저항을 분쇄하기 시작했다. 사태의 심각함을 파악한 선교부에서는 어쩔 수 없이 평양신학교를 자진 폐쇄하고, 본국으로 철수했으며 잔류를 결심했던 선교사들도 얼마 가지 않아 결국 강제로 추방이 되고 말았다.

총회의 신사참배 결의로 선교부가 철수하고 나자 무주공산無主空山이 되어버린 교계에 한국인 목사들은 어떡하든 폐쇄된 신학교를 다시 세우고자 시도했다. 신학교를 다시 열기 위한 고육지책苦肉之策으로 일제에 타협안을 제시하면서 1940년 닫혔던 평양신학교의 문을 다시 열자, 이때 김재준 목사를 중심으로 한 일군一群의 목사들은 평양이 아닌 서울에 신학교를 세우고 '조선신학교'라 명명했다. 얼마 후 1945년 일본의 패망과 더불어 한반도가 분단되자 그나마 평양신학교는 두절杜絶이 되고, 서울에 소재한 조선신학교만이 총회 직영신학교로 남게 되었다.

한편 해방과 더불어 추방되었던 선교사들이 분단된 남한에 다시 들어오자, 그동안 누적되어왔던 다양한 이슈들로 문제들이 불거지면서 서서히 교권 다툼과 분열의 조짐을 드러내고 있었다. 급기야 신사참배 여부를 들춰내 교권을 가르기 시작했고, 뒤따라 크고 작은 현안들이 제기되면서 점차 보수와 진보라는 틀로 나뉘어 파열음을 내기 시작했다.

일제하 신사참배에 굴복한 장로교의 역사를 폐기해야 할 역사로 규정한 한상동, 주남선, 박윤선 등은 신사참배 굴복의 주요 원인을 신학적인 것으로 이해했다. 그들은 근본주의 신앙을 수호하고 지키는 것이 교회의 순결성을 유지한다고 확신했다.

그리고 이들을 지지하는 일군의 무리가 고려신학교를 따로 세우고 한국전쟁이 한창이던 1951년 갈라져 나갔다.

이렇게 고신이 떨어져 나가자 부산 경남을 중심으로 선교했던 호주 장로교가 자연스레 고신과 협력관계를 맺었다.

한편 평양신학교의 정통을 되찾아 유지하려는 목사들은 김재준 목사의 주도하에 있는 조선신학교의 자유주의 신학에 이의를 제기하면서 반기를 들었다.

그리고 그들은 다시 평양신학교의 정통을 잇는다며 1948년 남산에 총회신학교를 설립했다. 추이를 관망하던 총회에서는 1949년 남산의 총회신학교도 인준해 줌으로써 총회 안에 조선신학교와 총회신학교 2개의 신학교가 존재하게 되었다.

미국 남, 북장로교 선교부에서도 고민이 컸다. 해방 후 한국교회에 두 개의 신학교가 세워지고 있었지만, 어느 쪽도 그들과는 관계가 없는 신학교였기 때문이었다.

남, 북장로교 선교부에서는 오랜 협의 끝에 기존의 두 신학교를 대신할 하나의 총회 직영신학교를 새롭게 세우기로 방침을 세우자, 서북지방에서 월남한 목사들이 중심이 되어 기선을 잡고, 선교부의 방침을 적극적으로 지지했다.

그리고는 남산의 총회신학교를 폐쇄하고 평양신학교를 계승하는 총회신학교를 선교사들의 지원 속에 1951년 전시戰時 대구에서 개교했다. 조선신학교 처지에서 보면 조선신학교를 해체하려는 음모 외에는 아무 것도 아니었다.

조선신학교 측은 즉각 회의를 열어 총회의 결의를 불복하기로 천명하자, 총회에서는 1952년 김재준 목사를 제명하고[11] 조선신학교(후에 한신) 출신에게는 목사 안수를 하지 않기로 결의했다.

그 이듬해 1953년 총회에서 김재준 목사 제명과 한신 출신에게 목사 안수를 하지 않기로 재차 결의하자, 결국 총회의 분열로 이어지고 말았다. 1954년 6월 10일 한신대에서 9개 노회 47명이 모여 새 총회를 발족하고 기독교 장로회라는 이름으로 출발하면서, 기장에 속한 568개의 교회와 291명의 목사 그리고 21,917명의 교인의 이름으로 복음의 자유, 양심의 자유, 노예적 의존 사상 배격, 에큐메니컬 세계교회의 갱신을 택한다고 선언했다.

총회를 탈퇴하고 나온 기장은 자연히 미국 남, 북장로교와 멀어지면서 진보적인 캐나다 장로교와 선교협력 관계를 강화했다. 그러다가 1983년 미국 남장로교와 북장로교가 122년의 분열을 딛고 극적으로 미국장로교(PCUSA)로 새롭게 통합되자, 기장은 캐나다 장로교와의 협력관계를 그대로 유지한 채 다시 미국장로교(PCUSA)와도 선교협력 관계를 회

---

11) 한인 목사 총대가 111명, 선교사 총대가 12명으로 도합 123명이 참가해 8표 차이로 김재준 목사 제명 건이 통과되었다.

복했다.

한편 대체적으로 보수적이었던 남장로교 선교지역의 교회들이 김재준의 자유신학에 대해 처음부터 김재준을 지지했는지는 좀 더 깊이 들여다볼 문제이지만, 김재준 신학에 대한 직접적인 이의 제기는 선린촌 주일성수 사건이 발단이었다. 최문환[12] 목사와 이일선이 경기도 광주에 선린촌을 모델로 해방된 조국을 이상촌으로 만들자는 농촌사역을 하던 중, 이일선이 쓴 〈이상촌〉이라는 책자에 김재준 목사의 추천이 문제가 되었다.

농번기에는 주일에 새벽과 저녁으로 예배를 돌리더라도 낮에는 일할 수도 있다는 내용이었다. 그렇지 않아도 자유주의 신학으로 지목을 받던 김재준 목사를 향해 보수 측은 일제히 주일성수 수호를 내세우며 성토와 투쟁으로 맞섰고, 총회에 진정서를 제출해 이슈화하면서 결국 분열의 길을 걸었다.

분열의 실마리가 되었던 이 사건을 보는 충청과 호남지역의 많은 농촌교회와 목회자들은 심정적으로 진보적 해석에 동의한 것으로 보인다.
비록 이 지역이 보수적인 남장로교의 선교를 받고 높은 복음화율을 보였지만 다른 한편으로는 갑오농민항쟁을 거치며 개혁에 대한 남다른 열망이 있었을 뿐만 아니라, 일제 강점기 시대에는 수탈이 가장 극심했던

---

12) 동련교회 최문환 목사와는 동명이인. 전후 피폐한 농촌 경제의 회복과 기독교적 사랑에 근거한 공동체 '선린촌(善隣村)'을 경기도 광주에 세웠다.

지역으로 현실참여를 긍정적으로 보는 진보적 토양이 자리하고 있었다.

보수 쪽에 가까웠던 남장로교 선교구역인 호남에서 진보적인 캐나다 선교부와 협력관계인 김재준과 기장에 합류하게 된 이유였다.

기장의 교세 40%가 이 지역에 있다는 것은 결국 복음이 토착화되는 데는 선교를 했던 교단의 성향이나 신학보다 지역적 문화적 토양이 더 크게 작용했다고 말할 수 있다.

같은 복음이라 할지라도 선교사가 속한 교단적 성향과 지역적 문화적 토양에 따른 수용성이 서로 끌어당기기도 하고, 때로는 밀쳐내기도 하면서 생기는 분열과 갈등까지도 토착화라는 거대한 담론 안에 포괄包括되면서 이 지역만의 고유한 영성으로 자라왔다고 볼 수 있다.

동련교회 역시 선린촌 사건에 대한 해석과 대응 그리고 조선신학교 출신 최문환 목사의 부임이 아니었다 하더라도 이 지역에는 동학농민항쟁의 아픈 역사가 사뭇 깊게 드리워져 있었고, 잔혹한 일제의 수탈에 저항의 몸부림을 쳤던 기억이 남아있었기 때문에 동련교회를 이끌어왔던 초기 교인들의 성향을 따라 실천적이고 개혁적인 진보 교단의 선택은 자연스러운 행로였을지도 모른다.

제 **7** 장

동시대(同時代)를 동역(同役)하며

1. 지역교회와 지도자들의 활약

서구선교가 본격화된 19세기는 위대한 선교의 시기였지만, 19세기 중반까지만 해도 체계적인 선교정책이라든가 현지 문화에 대한 깊은 이해가 없이 선교사의 열정으로만 진행되는 수가 허다했다.

우리보다 한발 앞서 시작되었던 중국선교 역시 선교사들이 현지 지도자를 양성하는 대신, 전도하는 자를 고용해 급여를 주는 방식을 도입해 보았으나 전혀 효과를 보지 못하고 중국선교는 처음부터 시행착오를 겪어야만 했다.

미국 장로교 선교사로 오랫동안 중국에서 사역했던 네비우스는 이 실패를 토대 삼아 현지인 스스로가 전도하고 참여해 교회를 이끌어 가게 하는 토착교회 자립 선교 원리를 제시했는데, 그 후 네비우스 방법으로 불린 그의 선교방식은 크게 환영을 받으며 해외 선교의 원칙으로 자리를 잡아갔다.

내한 선교부에서도 이점을 깊이 새기고 선교 초기부터 네비우스 방식을 적극적으로 수용하면서 선교정책의 근간으로 삼았다.

네비우스 방식대로 선교사역의 궁극적 목표가 자립하는 현지 교회 설립에 있다면, 무엇보다도 현지교회를 이끌어 갈 평신도 지도자들을 세우는 일이 급선무였다.

따라서 그 당시 초기 선교사들은 순회 전도를 통해 교회가 개척되면 곧바로 교회를 이끌어 갈 수 있는 조사나 장로를 세우는 일에 공을 들였으며, 지도자가 세워지면 처음부터 그들을 의사결정에 참여시켰다. 그들과 함께 일치된 목표를 세우고 비전을 함께 공유하자, 그들은 이때부터 초기교회에 커다란 역할을 수행하기 시작했다

교회마다 평신도 지도자들이 세워지자 선교사들은 목회자 양성을 서둘렀다. 1901년 평양에 신학교를 설립하고, 신학생 입학자격을 위한 내부적 원칙을 구체적으로 세웠다.

처음부터 선교사들과 함께 지교회에서 훈련과 경험을 쌓은 조사나 장로들을 대상으로 그들 가운데서 선발해 노회에 추천하면, 노회의 심사를 거쳐 신학교에 입학할 수 있게 허락하는 거였다.

이렇게 입학한 신학생들이 1907년부터 졸업하기 시작해 목회자로 세워지자, 여기에 발맞추어 선교사들은 지교회에 이미 세워진 장로들과 함께 주도적으로 교회를 이끌어가게 하면서 리더십을 점진적으로 위임해 갔다. 비록 한국선교 역사가 다른 아시아 국가에 비해 짧았음에도 불구하고, 자주적인 한국교회로 빠르게 기틀을 잡을 수 있었던 이유로는 네비우스 방식대로 현지교회를 위한 리더십 이양의 선교전략이 주효했던 점을 들 수가 있다.

1917년 전북노회가 설립되던 당시의 구성인원을 살펴보면, 미국인 선교사 6명과 한국인 목사 9명, 그리고 장로가 20명[1]으로 도합 35인으로 구성되어 있었다. 대부분의 한국인 목사와 장로들은 지교회 설립을 주도했거나 선교사들이 세운 교회에서 리더십을 인계받은 자들로 구성되어 있었다.

　첫 노회가 회집되자 선교사들을 따라 배석한 회원들은 공천위원(김인전, 하위렴, 임구환, 이승두, 최흥서)을 지명하여 세우고, 곧바로 임원단(회장 이원필, 부회장 강운림, 서기 홍종필, 부서기 강평국, 회계 김인전, 부회계 이자익)을 선출했다. 빈틈없는 절차적 과정을 거치며 전북노회의 초기 지도자들의 리더십은 출발하고 있었다.

　앞에서 이야기했듯 선교사역의 궁극적 목표가 사역의 리더십이 현지인에게 이양되어 그 사역이 계속되게 하는 데 있다면, 설립 당시 전북노회는 이러한 기대에 부응해 선교사들의 주도로 이루어지던 사역과 교회 정치가 점차 현지인 리더십으로 교체되어 가는 과정을 잘 보여주고 있다.

---

1) 전북노회 창립 당시 한국인 목사회원 9명과 장로회원 20명의 명단과 교회는 다음과 같다.
　　• 목사회원 : 김필수(군산/무임), 이원필(군산/개복교회), 김인전(전주/서문교회), 최대진(익산/남전교회), 김성식(완주/제내교회), 이재언(김제/대장교회), 이자익(김제/원평교회), 김응규(익산/대송교회), 김성원(완주/단지 동교회)
　　• 장로회원 : 박창욱(정읍/천원교회/후에 목사가 됨), 김계흥(완주/삼례교회), 홍종필(군산/개복교회/후에 목사가 됨), 김희서(익산/서두교회), 최학삼(김제/대창교회/후에 목사가 됨), 류성렬(서천/종지교회), 이일문(전주/유상교회/후에 목사가 됨), 강평국(김제/원평교회), 이승두(전주/서문교회), 엄명진(김제/송지동교회), 박성윤(익산/남전교회), 백낙규(익산/동련교회), 임구환(금산/제일교회), 류기택(금산/지방리교회), 서명오(익산/두화교회), 최재순(익산/선리교회), 최흥서(옥구/지경교회), 오인묵(군산/구암교회), 류명수(완주/봉상교회), 최국현(전주/남문교회)

지금부터는 전라노회가 나뉘어 전남, 전북노회로 분립하던 1917년 당시 전북노회 설립에 관여한 지도자들을 중심으로 그들의 활동과 지역교회들의 면면을 살펴보고자 한다.

특별히 노회 설립과 관련된 지도자들을 지목해서 살피고자 하는 이유는 전북노회가 분립하던 1917년부터 해방 전후까지의 기간은 선교사들이 리더십 이양을 이뤄내던 특별한 시기였을 뿐만 아니라, 무엇보다도 이 지역에 세워지는 첫 노회라는 역사성과, 또 다른 한편으로는 노회 조직과 정치가 장로교 치리회의 중심에 있다는 무게감 때문이기도 하다.

『김인전과 서문교회』

김인전은 1876년 충남 한산에서 태어났다. 부친 김규배 장로는 동향이던 월남 이상재 선생의 영향을 받아 기독교에 입교한 유교적 지식인이었다.

부친의 권유로 예수를 믿게 된 김인전은 1905년 을사늑약으로 국권이 상실되자 고향에 한영학교를 설립하고 청소년을 모아 가르쳤다. 한일합방이 되던 1910년 부위렴 선교사의 눈에 띈 김인전은 그의 추천을 받아 평양신학교에 입학했다. 그는 신학교에서 공부하는 동안에도 방학을 맞아 고향에 내려올 때면, 군산의 영명학교에서 선교사들을 도와 학생들을 가르치기도 했다.

평양신학교를 졸업하던 1914년에 전라노회에서 안수를 받고, 그해

10월부터 전주 서문교회에서 목회를 시작했다. 서문교회에서 5년간 시무하는 동안 신흥학교와 기전여학교 교사와 학생들을 모아 신앙심을 고취시키며 민족교육을 실시하기도 했다.

한편 그는 노회 활동에도 적극적이어서 1916년 서문교회에서 회집된 제6회 전라노회에서 회장으로 피선되어 노회의 발전에도 크게 기여를 했다.

1919년 3·1운동 당시 전주 만세 사건은 그를 목회자에서 독립운동가로 바꾸어 놓는 계기가 되었다. 일경이 전주 만세 사건의 배후로 김인전을 지목하자 선교부에서도 그의 신변 안전을 위해 여러 차례 모임을 갖고 방책을 논의하던 중, 당시 신흥학교 교장이었던 여부솔F. M. Eversole의 주선으로 비밀리 상해로 망명을 하게 된다.

그 후 김인전은 상해 임시정부 의정원 의장으로까지 활약하며 경천애국敬天愛國의 짧은 삶을 불꽃처럼 살았으나, 망명 4년 만인 1923년 5월 12일 향년 47세로 상해에서 하나님의 부르심을 받았다.

전주 서문교회는 남장로교 선교사들이 세운 호남 최초의 신앙공동체로 유서 깊은 교회사와 함께 독립운동에 크게 기여한 자랑스러운 역사를 간직하고 있으며, 김인전 목사의 가족들의 체취[2]가 지금까지도 깊게 드리워져 있다.

---

2) 동생 김가전 역시 평양신학교를 졸업했다. 전북노회에서 안수를 받고 신흥학교 교목으로 사역을 했으며 해방이 되자 초대 전북지사를 역임하기도 했다. 신학자이자 목사인 김홍전과 서문교회 원로장로 김대전은 그의 사촌 동생이다. 이들 모두 어린 시절을 서문교회에서 성장했다.

『최흥서와 지경교회』

전북지방 초기 기독교를 말할 때 최흥서만큼 공헌한 사람은 없을 정도라는 말이 있을 정도로 그의 활약은 대단했다. 선교부에서조차 그를 칭찬하지 않는 선교사가 없을 정도였다.

전킨 선교사는 그의 됨됨이를 이렇게 평가했다.

"그는 어떠한 직책도 가지고 있지 않으나 성실한 사람으로 좋은 집사 한 사람과 좋은 장로 한 사람을 결합해 놓은 정도의 인물입니다. 그는 초신자를 가르치며 거의 모든 집회를 인도하고 있습니다."[3]

하위렴 선교사 역시 그에 대한 성품을 회고하면서 이렇게 썼다.

"최흥서는 중산층에 속한 농민으로 주변에 그를 아는 모든 사람에게 존경을 받았습니다. 그는 조용하면서도 수줍어하는 성격의 소유자였으나, 그는 자신의 영향력을 행사할 기회가 있는 경우에는 어떻게 행사할 것인지를 잘 알고 있었습니다. 그는 강직하고 용기 있는 사람이었습니다."[4]

이처럼 최흥서의 신앙과 성품은 주변 사람들에게 크게 존경을 받았

---

3) 전병호, "초기선교사 남도행전", http://jbhimr.cafe24.com/col/1626
4) William B. Harrison, "Chai, A Korean Elder", *The Korea Mission Field*, Vol. 2, No. 7, May 1906. pp.130

으며 당시 군산교회의 지도자로서 강한 리더십을 발휘했다.

1860년 7월에 김제에서 태어난 최홍서는 1873년 가족을 따라 임피 만자산으로 이주했다. 조달현이라는 보부상을 만나 선교사와 구암교회에 관한 이야기를 듣고 기독교에 호기심을 갖게 된 그는, 그 후 군산에 있던 선교부를 찾아가 성경공부를 하면서 전킨 선교사로부터 세례를 받았다.

이때부터 최홍서는 만자산에서 군산까지 30리 길을 걸어 교회를 다니며 주변 사람을 전도했고 그의 사랑방에서 사람들을 모아, 기도 모임을 시작했다.

그 후 교인 수가 점점 많아지자 1900년 10월 9일에 초가집 한 채를 매입해 성인 35명과 어린이 40명이 함께 첫 예배를 드렸다. 1905년에 전킨이 최홍서를 장로로 세우면서 만자산교회는 조직교회가 되었으며, 1907년에는 부위렴 선교사의 도움으로 학교를 세우고 지역 청소년들을 가르쳤다.

그 후 지경교회로 이름이 바뀌면서 크게 부흥하였고 이 지역의 유서 깊은 교회로 자리를 잡아갔다.

그는 또한 군산 선교부에서 설립한 '복음서원'의 매서인으로도 활약하다가 수덕산에 있던 군산선교부가 궁말로 이전을 결정하자, 군산교회의 맥을 이어 개복동에 교회를 재건하는 데 앞장서기도 했다.

군산선교부 전킨의 조사로 활동하던 장인택이 구암교회의 기둥이었다면 최홍서는 만자산교회 설립자이자 개복교회의 기둥이었다.

최홍서의 장남 최주현과 장인택의 장녀 장한나의 결혼은 믿는 가정의 혼맥을 이루는 사례가 되면서 군산선교부와 지역교회 교인들 모두가 이 두 가정을 부러워하고 축복했다.

최주현은 영명학교와 세브란스 의전을 졸업하고, 장한나는 멜볼딘에서 공부를 했다. 훗날 최주현의 아들 최영태도 영명학교와 세브란스에서 공부하고, 세균학의 권위자가 되어 모교인 세브란스에서 학장을 지냈으며, 최주현의 동생 최영환 역시 영명학교와 세브란스에서 공부했으며 의사가 되어 의료선교에 크게 헌신했다.

『홍종필과 개복교회』

구한말 한양에서 벼슬살이를 했던 진사 홍종익은 그의 사촌 동생 홍종필과 함께 익산군 웅포에 낙향하여 살았다. 군산이 개항장이 되어 통상이 활발해진다는 소식을 듣고, 1905년쯤 두 사람은 군산으로 이사를 했다.

초기 내한 선교사들이 군산에 선교부를 열고 얼마 되지 않았을 때였다. 우연한 기회에 조사 최홍서를 만나 복음을 들었는데, 조계지 안에 있던 군산교회가 궁말 선교부로 이전하면서 시내에 개복교회가 개척되던 참이었다.

마침 평양신학교를 졸업하고 개복교회에 부임해 목회를 시작한 김필수 목사로부터 두 형제는 세례를 받고 신앙생활을 하기 시작했다.

그 후 두 사람은 교회 생활에 남다른 리더십을 보이며 1911년에는 홍종익이, 1912년에는 홍종필이 장로로 세워졌다. 교회가 크게 부흥하면서 교회당을 신축하고자 할 때도, 익산에 많은 전답이 있었던 홍종익은 재정적으로도 큰 역할을 했다고 전해진다. 동생 홍종필 장로는 1916년 전라노회에서 노회 서기로 활동하다가 선교사의 추천으로 평양신학교에 입학했으며, 1923년 졸업하자 목사 안수를 받고 다시 모 교회로 돌아와 목회자로 사역하였다.

목사 안수 받은 지 1년 만에 전북노회 노회장으로 피선되었고 1923년에는 조선예수교장로회 총회 부서기, 이듬해에 서기, 다시 1927년에도 서기로 활동하며 총회의 발전에도 많은 기여를 했다. 이외에도 장감(長監)연합공의회 이사, 조선예수교장로회 사기(史記) 편집위원, 기독신보 이사, 금강산 기독교수양관 건축위원 등을 역임하며, 대외적으로도 활발하게 활약을 했을 뿐 아니라 대내적으로 교회 부설 여학교와 유치원을 설립하여 교장과 원장을 역임했다.

교회가 괄목할만한 성장을 이루자 그의 리더십을 눈여겨본 선교사들과 목회자들이 1930년 평양 서문밖교회에서 열린 제19회 총회에서 홍종필 목사를 총회장으로 추대했는데, 그때 그의 나이는 43세에 불과했다.

개복교회 출신 김필수 목사가 제4회 총회장이 되고, 홍종필 목사가 제19회 총회장에 피선됨으로 한 교회에서 총회장이 두 번씩이나 배출된 것은 새문안교회에 이어 두 번째였다.

그러나 안타깝게도 1935년 5월 29일 그의 나이 겨우 48세 한창 일할 수 있는 나이였음에도 불구하고 교회 강단에서 설교하던 중에 하나님의 부르심을 받았다. 전북노회에서는 그의 죽음을 애석해하며 다음과 같이 적었다.

"선생先生은 천성天性이 침진沈眞하시고 언소원념言少遠念하사 진리眞理를 경애敬愛함으로 일반신자一般信者에 모본模本이 되시었다."5)

홍종필 목사는 개복교회와 지역교회의 발전은 물론, 노회와 총회 차원에서도 큰 업적을 남긴 초기 한국 교계의 모범적 지도자로 기억되고 있다.

『조덕삼/이자익과 금산교회』

김제 금산 지역에서 만석꾼으로 소문난 대지주 조덕삼과 머슴 이자익과의 만남에서 만들어진 드라마틱한 이야기는 듣는 이로 하여금 감동을 일으키기에 부족함이 없다.

경남 남해 사람 이자익은 어려서 부모를 여의고 떠돌이 생활을 하다 김제에까지 들어오게 되었는데, 올데갈데없는 어려운 처지의 이자익을 보고 딱하게 여겨 자신의 집에 머슴으로 받아들인 이가 조덕삼이었다.

유난히 부지런하고 성실해 나무랄 데 없는 이자익이었으나, 배우지 못한 것을 부끄러움으로 여기던 그는, 머슴으로 일하면서도 주인의 아

---

5) 전북노회 제30회 회의록.

들이 공부할 때마다 어깨너머로나마 배우고자 기웃거리기도 했다. 그 모습을 눈여겨보던 조덕삼은 아예 자신의 아들과 함께 교육을 받게 하기도 했다.

이 무렵 이 지역을 순회하던 전주 선교부의 최의덕(Lewis B. Tate) 선교사와 그의 조사(助事) 김필수로부터 복음을 듣게 된 조덕삼은 1905년 봄부터는 아예 자신의 사랑채에서 이자익을 비롯해, 같은 마을에 사는 몇 사람을 모아 주일마다 예배를 드리기 시작했다.

교회가 세워지고 일 년쯤 지나 1906년 5월 30일 조덕삼과 이자익이 함께 세례를 받았고, 이들을 중심으로 차츰 교회가 부흥되자 한 사람의 장로를 뽑게 되었다. 장로 후보로 조덕삼과 이자익이 나왔으나 투표결과 이자익이 장로로 뽑혔다.

조덕삼은 머슴이었던 이자익이 먼저 장로가 되었지만 조금도 불쾌하게 여기지 않았다. 그는 양반이면서 부자였지만 도량 또한 넓었다. 반상(班常)의 차별 분위기가 교회에서도 역력했던 시절임을 생각하면 예사롭지 않은 일이었다.

물론 그 후 조덕삼 역시 장로가 되었지만, 처음부터 이자익의 믿음과 자질을 지켜보았던 조덕삼은 이자익이 사역자의 길을 갈 수 있도록 적극적으로 배려했다. 그가 신학교에 입학해서 공부하는 동안 재정적 지원까지 아끼지 않았으며, 그가 졸업하고 목사 안수를 받자 곧바로 금산교회 담임목사로 청빙했다.

자기 집 머슴으로 목사가 된 이자익이 주일에 강단에 올라가 설교를 하면 조덕삼은 아랑곳없이 맨 앞자리에 앉아 말씀을 들으며 예배를 드렸다.

가족공동체나 다름이 없던 교회 분위기이었지만 조덕삼은 섬김을 받는 것이 아니라 오히려 섬김을 실천하는 제자의 삶을 보여 주었다.

조덕삼 장로는 단순히 신앙생활만 열심히 한 것이 아니라 1906년에는 사재를 내어 금산교회 내에 유광학교를 설립하고, 자신의 큰아들 조영호와 함께 청소년 교육에 앞장서 학생들에게 민족의식을 심어주기도 했다.

후에 이 유광학교 출신들이 전주와 금산에서 3·1 만세운동을 주도한 것이 빌미가 되어, 조영호는 일경에 붙들려 곤욕을 치렀는데, 풀려나오자 그는 고향을 떠나 북간도로 건너가 독립운동에 가담했다.

고문의 후유증으로 성치 못한 아들을 북간도로 떠나보내고 상심한 채, 시름시름 앓던 조덕삼 장로는 52세의 나이로 1919년 12월 17일 하나님의 부르심을 받았다.

조덕삼 장로의 장례식에 참석한 이자익은 자신을 키워준 조덕삼 장로를 회고하며, 상여를 붙들고 너무도 서럽게 울어 그를 바라보던 주변 사람들도 모두 눈시울을 적셨다고 한다.

1924년 9월 함흥에서 장로교 제13회 총회가 열렸을 때 이자익은 총회장에 피선되었고, 그 후로도 33대와 34대에 걸쳐 총회장을 연임함으로서, 총회 역사상 유일무이하게 총회장을 세 번이나 역임했다. 이를 기념하여 그가 설립한 대전신학교에 이자익 기념관이 세워졌다.

이자익 목사는 1958년 79세의 일기로 김제 원평에 있는 셋째 아들 집에서 하나님의 부르심을 받았다. 그 이듬해 장로교가 통합과 합동으로 분열되자, 많은 이들이 이자익 목사가 살아 있었더라면 이런 일은 없을 것이라 하며 아쉬워했다.

1908년 지어진 금산교회는 엄격한 유교적 사회를 그대로 반영하듯 남녀 구분을 위해 'ㄱ'자 교회로 헌당된 모습 그대로 보존되어 있는데, 익산의 두동교회와 함께 전국에 두 교회만 남아 지방문화재로 등록되어 있다고 한다.

6·25 전란 통에도 불타지 않은 것은 좌익계 사람들조차 우리 교회라고 여기며 교회를 지켰기 때문이라는 이야기도 전해지고 있다.

조덕삼의 손자 조세형[6]은 할아버지와 아버지의 뒤를 이어 금산교회 9대 장로로 섬겼으며, 한편 연변과학기술대 교수로 있는 이자익의 손자 이규완 역시 할아버지의 믿음을 이어 대전 제일교회에서 장로로 헌신하고 있다.

조덕삼과 이자익의 일화는 한국 교회사 가운데 가장 아름다운 이야기로 기억되고 있으며, 지금까지도 많은 사람들에게 회자膾炙되고 있다.

---

6) 조선일보 베트남전쟁 종군기자와 한국일보 편집국장을 거친 언론인 출신의 한국의 정치인으로, 4선 국회의원으로 활약했고 주일대사를 역임했다.

『김계홍과 삼례교회』

전주 선교부에서 활동하던 마로덕Luther O. McCuchen 선교사가 조사 최대진과 함께 삼례에서 복음을 전하며, 몇 사람을 모아 예배를 드리면서 삼례교회가 시작되었다.

1905년 9월 세 칸의 초가집을 마련해 교회로 개축하면서 교인 수가 점차 늘어나기 시작했다. 1907년에 청소년들 가르치기 위해 교회 내에 학교를 설립하고 영흥학교라 했으나 후에 이름을 영신학교로 개칭하였다. 영흥학교 교장을 맡아 하던 김계홍이 1911년 초대 장로로 장립되면서 삼례교회는 조직교회가 되었다.

활달하고 리더십이 뛰어났던 김계홍 장로는 교회와 학교는 물론 노회 활동에도 적극적이어서, 초창기 전라노회에서는 물론 1917년 전북노회 설립 당시에도 학무위원을 맡아 활동했다.

삼례교회의 설립자 김헌식과 김계홍 장로 부자의 파란만장한 가족사는 한 편의 드라마를 보는 듯 가슴을 뭉클하게 한다.

김계홍의 부친 김헌식 영수는 삼례에서 포목상을 하면서도 적지 않은 전답을 소유한 지주였으나, 1903년 일본인들이 토지 조사사업을 하면서 조선인 농토를 빼앗다시피 강탈하는 것을 보고 울분을 참지 못했다.

일제의 지배 아래서는 장래가 없다고 판단한 그는 가족과 교인들을 데리고 1917년 겨울에 북간도로 집단이주를 했다.

그는 만주 용정으로 이주해서도 장남 김창언과 함께 포목점을 크게 하며 손주들을 길렀다.

　김창언의 큰아들 김성배는 평양신학교를 졸업하고(25회) 목사가 되었고, 둘째 김춘배는 1927년 독립운동에 뛰어들어 군자금 모금 활동을 하다가 일경에 붙들려 8년여 옥살이를 했는데 1934년 4월 출소하자마자, 김성배가 목회하던 북청에 내려가 주재소 무기고에서 총기를 탈취해 북청 어업조합을 습격했다.

　'함남권총사건'으로 불리는 이 사건은 일경의 간담을 서늘하게 한 엄청난 사건이었다. 일경에 쫓기던 그는 고향으로 돌아오던 열차 안에서 불심검문으로 체포되고 말았지만, 그가 붙잡히기까지 19일 동안 동원된 병력이 자그마치 2만 명을 넘었다고 한다.[7]

　김춘배의 항일활동은 그 후로 오랫동안 잊혀 있다가, 해방되고 나서도 한참 후에야 공적이 평가되어 대한민국 건국훈장 독립장이 수여되었다.

　'함남권총사건' 후 김춘배의 형 김성배는 북청을 떠나 만주로 옮겨가 목회하다가 얼마 후 상해로 갔으며, 거기서 다시 의학을 공부하고 잠시 의사로 활동하기도 했다.

　해방 후 잠깐 이북 공산 치하에 남아 목회하다가 1948년 고향으로 다시 돌아와, 삼례교회에서 목회를 재개하기도 했다.

---

7) 주간 〈완주 전주 신문〉 2020.6.19/〈동아일보〉, 1934. 10. 24 호외 재인용

독립지사 김춘배를 배출한 삼례교회는 전주 만세운동의 주모자로 지목되어 상하이로 망명했던 김인전 목사도 잠시 사역을 한 적이 있으며, 임영신도 그녀의 아버지 임구환 장로를 따라 금산에서 삼례로 이사와 삼례교회에서 독립에 대한 비전과 신앙을 키웠다고 한다.

이처럼 삼례교회는 크고 작은 독립운동에 참여했던 민족주의자들을 다수 배출한 교회로, 일제강점기 기독교가 독립운동에 미친 영향을 파악할 수 있는 대표적 교회로 알려져 있다.

삼례교회 설립자 김헌식 영수의 믿음의 계보는 만주로 이주해서도 둘째 김계홍 장로[8]가 뒤를 이었고, 다시 김계홍의 조카 김성배 목사로 이어졌으며, 또다시 김춘배의 손자 김경근 목사에 이르기까지 5대째 신앙을 이어가고 있다.

『최학삼과 대창교회』

전킨 선교사가 전도선을 타고 동진강을 따라 올라와 개척한 첫 교회가 대창교회였다. 대창大倉이라는 지명에서 알 수 있듯 이곳은 예로부터 쌀농사를 중심으로 하는 기름진 곡창 지대였다.

---

[8] 김계홍 장로는 만주로 망명해서도 용정 노두강교회의 장로로 섬기며 많은 애국지사를 키워냈다.

구한말 세도가 이완용이 주민들을 동원해 이 지역에 간척사업을 벌여 거대한 농토를 자신의 사유지로 만들고, 동진강의 물줄기마저 제멋대로 자기 농지로 돌려놓았다.

그러나 누구도 이완용의 권세에 눌려 말 한마디 꺼내지 못하는 형편이었다. 이에 분개한 최학삼은 이완용이 막아 놓은 보를 헐어 버리고 물길을 다시 농민들의 논으로 돌려놓자, 사람들은 숨을 죽이며 후환을 두려워했다.

예상대로 이완용은 그의 위세를 이용해 농사꾼 최학삼을 고소하여 옭아매고자 했으나 2년에 걸친 재판의 결과는 사람들의 예상을 뒤엎고, 최학삼의 손을 들어줌으로써 일단락되었다.

체격이 좋고 언변이 뛰어나 불의를 보면 참지 못하던 최학삼이 총리대신 이완용과 다툰 이때의 이야기는 무용담이 되어 지금까지 전설처럼 전해지고 있다.

1903년 4월 전킨 선교사로부터 복음을 듣게 된 최학삼과 몇몇 사람이 함께 모여 예배를 드리면서 대창교회가 시작되었다.

1906년에 초가집 한 채를 매입해 예배당으로 개조하고, 1907년에는 최학삼을 장로로 세우면서 조직교회가 되었다.

전킨 선교사가 건강문제로 군산에서 전주로 선교부를 옮기면서도, 자신이 초기에 개척한 대창교회만큼은 자신의 관할에 둘 정도로 애착을 보였다고 한다.

한편 최학삼의 리더십을 오랫동안 눈여겨본 전킨은 그를 신학교에 추천했다.

얼마 후 목사가 되어 대창교회에 부임한 최학삼은 교회개척과 선교활동에 적극적이었다. 대창교회를 분립해 죽동교회를 세웠고 잇달아 명량교회, 남포교회, 선유도 교회도 설립했다.

한편 대창교회는 이 지역의 모 교회답게 많은 목회자를 배출하기도 했는데, 최학삼을 비롯해 윤식명과 같은 전국적으로 지명도가 높았던 목회자들뿐만 아니라, 6·25 당시 순교한 안덕윤 목사와 통합 측 총회장을 역임한 안경운 목사도 대창교회 출신의 대표적인 인물로 기억되고 있다.

최학삼이 장로 시절 그의 아들 최용한과 삼례교회 임구환 장로의 큰딸 임선유가 결혼하면서 사돈을 맺었는데, 최흥서 장로와 장인택 조사가 사돈을 맺을 때만큼이나 신앙인 가정의 혼맥이 큰 화제가 되기도 했다. 임선유씨는 임영신의 언니였다.

지평선이 보이는 넓은 들판에 우뚝 솟은 종탑에서 울리는 새벽 종소리로도 대창교회는 이 지역에 유명세를 치렀다. 대창리 넓은 들판에 종소리가 퍼져나가면 마을 사람 모두가 종소리에 맞추어 하루의 일과를 시작했다고 한다.

지평선에 울리던 아름다운 종소리는 김제는 물론 동진강 건너 부안까지 들렸으며, 오랜 세월이 흘렀어도 이 지역 출향 인사들의 뇌리 속에 아련한 추억으로 남아 있다고 한다.

그뿐 아니라 그 당시 시골교회로서는 드물게 관현악단을 조직해서 교회부흥을 선도했으며, 지역 공동체를 즐겁게 만들어준 밴드로 명성을 날리기도 했다.

대창교회와 관련된 인물로는 부통령을 지낸 함태영이 있다.[9] 함태영의 아버지 함우택은 김제 출신으로 전라좌수영 도시(都試)[10] 무과에 급제하여 사헌부감찰, 통정대부 의관 등을 지냈던 사람인데 관직에 임명되어 함경도 무산으로 떠나기 전까지 대창리에 살았다.

함태영은 아버지의 임지(任地)인 함경도 무산에서 태어났으나 항상 김제를 고향으로 여겼다고 한다.

경술국치 이전에 이미 연동교회 장로로 섬기던 그는 경충(京忠)노회의 추천으로 1922년 12월 평양신학교를 졸업하고 목사 안수를 받았다. 이후 제12대 장로회 총회장, 평양 숭실학교의 재단 이사로도 활동했으며, 1940년 조선신학교를 설립할 때도 크게 이바지했다.

교단이 분열되자 기장(基長)으로 옮겨, 조선신학교 후신인 한국신학대학 학장을 역임했으며, 1947년 해방 직후 남부총회 부회장으로 선출되기도 했다.

기독공보사 사장을 비롯하여, 1952년에는 이승만과 러닝메이트가 되어 부통령에 당선됨으로써 교계의 위상을 크게 높이기도 했다.

---

9) 세 번 결혼했으나 3명의 부인 모두 상처하였고 14남매를 두었다. 첫 번째 부인과 낳은 함병철의 아들 함인섭은 강원대학교를 설립했으며 농림부 장관을 역임했다. 세 번째 부인에게서 일곱 아들을 두었다. 그중 막내아들이 전두환 대통령 시절 비서실장과 외교안보특보를 지냈던 함병춘으로 버마 아웅산 묘역에서 순직했다. 함병춘의 큰아들 함재봉은 아산정책연구원 원장으로, 둘째 아들 함재학은 연세대 법대 교수로 재직하고 있다.
10) 조선 시대 무사를 선발하기 위한 특별 시험으로, 무예도시(武藝都試) 또는 춘추무예도시(春秋武藝都試)라고 하였다.

『강평국과 구봉리 교회』

남장로교 초기선교 시절 특히 선교부가 있는 전주와 군산을 중심으로, 그 인근 지역인 옥구, 익산, 김제, 완주 등지에 복음전파가 가장 활발하게 이루어졌다.

1910년 선교부의 통계를 보면 전북지역에서만 세례를 받은 기독교인이 거의 3,500명을 헤아렸는데, 그중에서도 김제는 가장 높은 전도율을 보이며 성장하는 지역이었다. 김제군의 교회 가운데서도 빠른 성장과 많은 교회 지도자들을 배출시킨 교회로 알려진 교회 가운데 하나가 구봉리 교회였다.

구봉리에는 이미 테이트Lewis B. Tate 선교사로부터 전도를 받은 몇 사람이 있었지만, 인근에 교회가 없어 주일이 되면 10여 리나 떨어져 있는 조덕삼의 사랑채에서 시작한 금산교회까지 걸어 다녔다고 한다.

구봉리에서 참석하는 교인들이 점차 많아지자 당시 금산교회의 장로였던 조덕삼과 이자익이 나서서 구봉리에도 교회[11]를 세워, 분립시키는 일을 실행에 옮기면서 구봉리 교회가 시작되었다.

한편 1900년 7월 군산에서 미곡상을 크게 하며 부자로 소문난 강평국이 김제 금산으로 이사와 조덕삼과 이자익이 출석하는 금산교회에 다

---

11) 팟정이교회와 구봉리교회는 1909년에 조덕삼과 이자익에 의해 설립되었다. 팟정이 교회였으나 후에 금산교회로 바뀌었고, 구봉리 교회는 후에 원평리로 옮기면서 원평교회가 되었다.

니면서 1906년에 세례를 받았다.

그 후 강평국이 1910년에 구봉리로 이사하게 되자, 마침 금산교회로부터 분립되어 새롭게 시작하는 구봉리 교회를 자연스럽게 출석하기 시작했다.

때마침 평양신학교를 졸업하고 안수를 받은 최대진 목사가 부임하면서 교회가 부흥하기 시작했고, 마침내 강평국이 1913년 초대 장로로 세워지면서 구봉리 교회는 조직교회로 출범하게 되었다.

강평국 장로는 1917년 10월 10일 전주 서문교회에서 전북노회가 전라노회에서 나뉘어 창립[12]될 때부터 임원과 시찰위원을 맡아 노회 지도자로 활약을 했으며, 원평 삼일운동을 배후에서 지도한 애국지사이기도 했다.

이때 함께 했던 구봉리 교회 청년 이종희[13]는 중국으로 건너가, 독립운동에 투신해 의열단 김원봉과 함께 광복군을 이끌었다.

강평국 장로 내외의 헌신으로 교회가 크게 부흥했으나, 세월이 흐르면서 구봉리보다 인근의 원평리에 사는 신자들이 늘어나자 교회를 원평으로 옮기고 교회 이름을 원평교회로 바꿨다.

얼마후 강평국의 아내가 갑자기 병으로 죽자 사업을 접고, 다시 고향

---

12) 초대 임원으로 회장 이원필 목사, 부회장 강운림(William M. Clark) 목사, 서기 홍종필 장로, 부서기 강평국 장로, 회계 김인전 목사, 부회계 이자익 목사가 선출되었다.
13) 1919년 만주 길림성에서 의열단에 가입하여 활약하였으며, 후에 광복군 제1지대장과 임시정부의 정원의원으로 활약하였다. 광복을 맞아 귀국하던 중 안타깝게 사망하였다. 1977년 정부에서는 건국훈장 독립장을 추서하였고 1987년 원평에 그의 추모비를 세웠다.

군산으로 옮겨가 개복교회에 출석하다 1947년 소천하였다.

『이승두와 번역자회』

1893년 '성경번역자회'가 조직되면서 한글 성경 번역을 추진했는데, 1895년 영국성서공회 지부가 서울에 개설되면서 번역에 활기를 띠기 시작했다.

그 당시 번역자회에서 중요한 역할을 했던 선교사는 아펜젤러Henry G. Appenzeller와 언더우드Horace G. Underwood와 게일James S. Gale[14] 세 사람이었다.

1902년 아펜젤러가 마침 목포에서 열리는 번역자 회의에 참석하기 위해 제물포에서 배를 타고 가다가 안타깝게도 군산 앞바다에서 선박 충돌사고로 사망하면서 잠시 번역사업이 지체되는 듯했으나, 그를 대신해 남장로교 선교사 레이놀즈가 참여하면서 우리말 성경 번역 작업이 본격화되었다.

1906년 한글 〈신약젼서〉가 출간되자, 곧바로 그해 겨울부터 구약성경의 번역에 착수하였다.

그러나 〈번역자회〉에서 번역자들 간에 문체의 문제를 놓고 의견 충돌

---

14) 캐나다 온타리오 출생. 토론토대학을 졸업하고 캐나다 선교사로 내한했으나, 후에 북장로교 선교사로 이적해 연동교회 초대목사로 섬겼다.

이 생기면서 끝내 게일이 사임해 버리자,[15] 구약성경의 번역은 생각처럼 쉽지 않았다. 게다가 〈번역자회〉를 이끌었던 언더우드마저 과로로 중도에 쓰러지자, '연합성서공회'에서는 1907년 4월 16일 구약성경의 번역 작업을 위해 이눌서, 이승두, 김정삼을 중심으로 〈번역자회〉를 새로이 조직하였다. 레이놀즈는 〈번역자회〉를 전주 선교부로 옮기고, 1908년 4월부터 1910년 4월까지 구약 번역에 박차를 가하였다.

최종 사본寫本의 준비를 거쳐 1910년 4월 번역을 완료했다. 번역 완료 다음 해인 1911년 5월의 성서주일에 전국의 모든 개신교회에서 '한글성경전서' 출판 감사예배를 드렸다.

한편 한글 성경의 번역으로 한자에 짓눌려 천시되어 오던 한글의 가치를 재발견하는 동기가 되어 한글 사용을 대중화시키는 데 결정적인 영향을 끼쳤으며, 백성들의 문맹률을 줄이는 데 크게 이바지했다.

비록 선교사들에 의해 시작된 성경 번역이었지만 한국인 조사들의 헌신적인 노력이 없었더라면 번역 작업이 그렇게 쉽지 않았을지도 모른다.

특히 한국인 조사 김정삼, 이승두 등은 한글 성경 발간의 일등공신이었음에도 불구하고 그동안 그들의 공적이 선교사들의 그늘에 가려져 드

---

15) 번역자들 간의 번역 이론 논쟁으로 구어체와 문어체 선택에 있어서도 관서 방언의 구어체인 로스역 대신 표준 문어체를 주장한 언더우드, 게일, 레이놀즈는 새로운 번역을 주장하면서 언더우드는 직역의 입장을, 게일은 의역을 주장했고 레이놀즈는 중도적 입장을 취했다. 1916년 언더우드가 사망했음에도 불구하고 1923년에 게일은 번역자회를 사임했다. 우리말 최초의 성경 번역은 레이놀즈 입장에서 번역이 되었다.

러나지 못한 것은 사실이었다.

안타깝게도 조사 김정삼에 대한 기록은 남아 있는 것이 없고, 이눌서를 도와 성경번역 작업에 크게 헌신한 이승두는 1912년 이눌서가 서문교회 당회장으로 복귀하자 함께 이눌서를 도와 서문교회 부흥에도 크게 이바지하였다.

서문교회 장로로 1911년 전라노회가 창립될 때에도 큰 활약을 보였으며, 1917년 전북노회 창립 당시에도 전도국 위원으로 활약하기도 했다.

『오인묵/오긍선 부자父子와 구암교회』

1895년 3월 미국 남장로교 선교사들이 군산에 선교를 시작하던 즈음, 오인묵은 전킨 선교사와 조사 장인택[16]으로부터 복음을 들었다. 군산이 개항되던 그 이듬해 1900년 선교부가 궁말에 선교부를 신축하고, 12월 첫 주에 주일예배를 드리면서 구암교회가 시작되었다.

교회가 크게 부흥하자 1910년에 초대 장로로 세워진 오인묵을 중심으로 온 교인들이 합심하여 교회를 증축했다. 전위렴, 부위렴, 하위렴, 매요한등 선교사들이 잇달아 시무하다가, 1911년 한국인 최초로 김필

---

16) 평택 출신. 선교공의회에 남장로교 조선인 대표로 참석할 정도로 영어에 탁월했다. 전킨의 조사로 활약했으며 구암교회 100주년 교회당을 건축할 때 교회 전면에 8개의 기둥을 세워 7인의 개척선교사와 장인택을 기념할 정도로 구암교회 설립에 크게 기여했다.

수 목사가 부임하면서 구암교회는 더욱 크게 부흥하였다.

1919년에는 교회당을 다시 신축하고 군산지방 모교회로서 자리를 잡아갔다.

오인묵이 선교사들을 도와 초기 구암교회의 설립과 교회부흥에 크게 이바지했다면 그의 아들 오긍선[17] 역시 의료선교사로 사역하면서 폭넓게 활동했다.

남장로교 소속 군산선교부 의료선교사 알렉산더Alexander의 주선으로 미국유학 길에 오른 오긍선이 마침내 공부를 마치고, 6년 만에 의사가 되어 1902년 남장로교 선교사 자격으로 귀국하였다.

곧바로 오긍선은 구암병원에 부임하여 다니엘 선교사와 함께 사역했으며, 1908년 이후로는 목포선교부의 진료소장도 함께 맡아 군산과 목포를 오가며 의료선교와 교육선교에 헌신하였다.

김필수, 오인묵, 오긍선, 양응칠, 박연세 등 내로라하는 초기교회 지도자들이 이끌었던 구암교회는 한강 이남과 호남 최초의 독립만세운동을 이끌었던 발원지로, 자주독립을 위한 민족정신을 크게 드높인 군산의 모교회로 기록되고 있다.

---

17) 오긍선의 장남 오진영은 홍익대 교수를 지냈으며 차남 오한영도 남장로교 선교사들의 추천을 받아 에모리 대학에서 의학을 공부했으며 돌아와 세브란스 교수와 2대 보사부 장관을 했는데 55세에 부친보다 먼저 세상을 떠났다. 오한영의 두 아들도 의사로 3대가 의사로 봉직했다. 오긍선은 1963년 5월 18일 하나님의 부르심을 받고 망우리에 묻혔다.

2. 초기교회 리더십의 역할과 기능

초기 내한 선교의 중심은 장로교였다. 그 당시 세계 개신교 상황을 살펴보더라도 장로교만큼 영향력이 있는 교단이 없었다.

장로교가 주류 교단이 되어 자연스럽게 한국에 뿌리를 내리자 무엇보다 장로교의 정치형태는 교단을 넘어 한국교회의 성격을 결정짓는 커다란 역할을 하였다.

대의 민주제를 특징으로 하는 장로제는 성도들에 의해 선출된 대표에게 치리를 맡기고, 그 대표를 'Presbyter'라고 불렀지만 우리는 이것을 장로長老로 번역했다.

우리말로 번역된 한자어 '長老'는 연장자, 노인, 공동체를 이끄는 어른 등의 의미가 있는 'Elder'가 오히려 더 어울리는 데 반해 'Presbyter'는 사뭇 다른 의미가 있다.

교회정치에 생소하던 초기교회 시절부터 장로를 목사와 더불어 교회를 이끌어 가도록 선출된 직분자 'Presbyter'로 이해했어야 함에도 장로는 처음부터 'Elder'(연장자, 어른)의 의미로만 초점이 맞춰지며 정착되었다.

이렇다 보니 타이틀이 주는 의미와 무게 때문에 장로長老는 교회 직분職分을 넘어 교회를 포함한 지역 공동체에서도 통하는 지위地位로서 그 역할이 확장되기도 했다. 이렇게 장로의 역할과 기능이 잘못된 이해 속에 출발하고 있었지만, 다행스럽게도 그 결과는 그렇게 부정적이지 않았다.

오히려 일제 강점기 초기교회 시절, 향촌 사회에 부족했던 리더십을 메꿔주었을뿐더러 교회가 지역공동체를 이끌어가는 구심점의 역할까지도 대신하게 되자, 그들의 리더십은 지역 복음화를 활성화하는 견인차가 되어 눈부신 활약을 보이기도 했다.

초기 내한 선교사들은 개혁신학을 기반으로 일단 교회를 세우면 대표를 선출해 장로로 세우고, 그들로 하여금 교회를 이끌어가게 함으로써 장로교 교회정치Church Polity를 매우 충실하게 적용했다.

장로를 선출하게 함으로써 민주주의가 소개도 되기 전에 모두가 투표에 참여하는 직접민주제를 알게 했으며, 대표로 선출된 장로가 치리하는 방식을 통해서 대의 민주제의 적용과 실천을 이미 교회에서 훈련하고 있었다. 구한말의 격동기와 일제 강점기를 거치며 해방이 되고 건국이 될 때까지, 대부분의 국민들이 민주적인 정치체제에 대한 어떤 예비지식도 갖추고 있지 않았지만 이미 교회의 지도자들은 객관적이고 민주적인 리더십을 세워가는 방식에 익숙해져 있었다.

이처럼 민주적 절차를 통해 장로를 선출해서 목회를 돕고 교회의 치리를 맡기는 장로 정치제도는 지도자를 발굴하고 세우는 기발한 수단이며 통로였다.

최소한 초기 교인들이 볼 때는 그랬다. 내한 선교사들은 교인들의 민주적 의사에 의해 선출된 장로들 가운데서 노회의 추천을 받게 하고, 그들을 신학교에 입학시키는 방법으로 목회자로 양성했다. 지금과 비교해 본다면 먼저 신학교를 졸업하고 전도사를 거쳐 목사가 되는 학제學制 중심의 목회자 양성이 아니라, 개교회에서 평신도를 이끌어 지도력을 갖춘 장로에게 신학교 입학자격을 노회가 부여하는 도제徒弟 중심의 양성을 시도했다는 점이다.

체계적인 학제가 갖춰지지 않은 상태에서 선교사들이 대안으로 시도한 방법이었지만, 이미 목회자의 자질을 교회와 노회와 학교에서 충분히 검증하고 있다는 점에서 과정과 방식 자체가 신선한 충격을 주었다.

그 당시 목회자를 양성하기 위해 신학생을 선발하는 일은 초기 선교사들이 수행해야 할 가장 큰 과제였을 것으로 생각이 된다. 왜냐하면, 목회자 양성은 선교지 교회에 리더십을 이양하기 위한 필수과정이었기 때문이다.

초기교회 당시만 해도 개교회를 이끌던 장로들을 추천해 신학교에 보냈는데, 초기 선교사들의 추천 기준은 신분을 따지지 않고 믿음과 자질로만 판단했기 때문에, 그들이 갖는 다양한 배경과 활동까지도 교회에서 적극적으로 수용할 수 있었다. 결과적으로 그렇게 양성된 리더십이 초기 한국교회의 폭을 넓히고 활력을 불어넣어주는 결정적 계기가 되었다.

리더십을 이양받은 한인 목회자들이 교회와 교인들을 이끌어가기 시작하면서, 계몽운동을 통해 무지한 백성들을 일깨웠으며, 나라를 잃은 상태에서 독립운동을 주도하기도 했다.

　일제 강점기 내내 국내는 물론 해외에서까지 어디서든 민족정신의 고취와 일본의 압제에 대한 저항정신의 원천은 교회였으며, 교회를 이끌어 간 지도자들은 바로 선교사들에 의해 키워진 장로와 목사가 중심이었다.

　앞에서 1917년 전북노회 창립 당시 백낙규 장로와 함께 활동했던 몇몇 지도자들을 호명해 그들의 활동을 돌아본 것은 비록 심도深度가 미비된 사담私談 형식이었지만, 오히려 초기교회 인물들의 개별적 활동이 충분히 섭렵되어야 초기교회사에 효과적인 접근이 된다고 생각이 들었기 때문이고, 또 하나는 비록 그들의 활동이 서로 다른 배경 속에 다양한 궤적軌跡을 그렸을지라도 일제 강점기의 현실 앞에서 분명히 함께 읽어낼 수 있는 공통분모가 있을 거라는 기대 때문이기도 했다.

　어찌 되었든 그들은 초기교회의 초석을 다지는 일에 크게 활약했을 뿐 아니라 나아가 그들이 활동했던 지역 공동체에서 해방될 조국을 이끌어갈 리더십의 징검다리를 놓았다는 것만으로도 그들의 헌신과 활동이 기억되어야 할 충분한 이유가 되지 않을까?

글을 마치며…

과거를 살았던 인물의 행적의 기록한 글을 여러 가지 제목으로 붙이기도 하지만 백낙규는 명색$_{名色}$이 있다거나 더욱이 비범함을 드러내는 인물은 아니어서, 그의 삶을 기록해 전$_{傳}$이라든가 록$_{錄}$이라는 표현으로 치장해 놓는 것은 처음부터 어울리지 않았다.

알고 있는 일화들마저도 가닥을 잡아 줄거리로 만들기에는 너무도 소소$_{疏疏}$해서 '~삶' 혹은 '~생애'라는 타이틀도 굳이 어울리지 않을 성싶었다.

그러나 그가 신우$_{信友}$들과 함께 일궈낸 교회가 실재하고 있고, 그가 남긴 것들이 분명히 이 지역의 향촌사와 관련을 맺고 있을 뿐 아니라 긴 세월에도 바래지 않고 그가 품었던 하나님 나라에 대한 비전이 교회와 함께 면면히 흐르고 있다면, 기억의 저편에 사라진 백낙규의 행적을 뒤질 일이 아니라 그가 추구하고자 했던 신앙과 삶으로 그를 이끌었던 '영성'을 살펴야 한다는 생각이 먼저 들었다.

영성은 그가 평범하게 만나던 일상을 통해서가 아니라 그가 서 있던 자리의 문화적 토양에서 마주한 역사적 사건들과 부딪히면서 형성이 되고 개별화되면서 모종의 위엄을 부여받는다.
이렇게 가슴 깊숙이 붙박인 영성은 자신의 삶에 목표를 제공하는 원천이 되기도 하고 그것을 추구하게끔 하는 동력이 되기도 한다.

동학농민항쟁은 오천 년 역사에서 민중들이 역사의 주체가 되고자 했던 흔치 않은 비일상적 사건이었지만 무구無垢했던 백낙규의 삶 속에 깊숙이 들어와 자신과 민중을 하나로 줄 긋고 그 끝자락에 있는 개벽을 열망하게 했을 뿐 아니라 한편으로는 젊은 날의 그의 삶을 밑둥치에서부터 뒤흔들었던 사건이었다.
일제강점기를 맞으면서 역사의 주체가 민중에서 민족으로 서서히 바뀌어 가면서 그의 열망도 개벽에서 해방으로 바뀌어 갔다.

그는 용케도 그 시점에서 복음을 들었다. 하나님 나라였다. 그는 죄악과 불의를 대척對蹠하며 믿음과 정의로 세워지는 피안의 이상태理想態를 하나님 나라에서 찾았을 뿐 아니라 다른 한편으로는 가난하고 고초 당하는 민중이나 더 나아가 압박의 설움 속에 있는 민족도 함께 그의 백성으로 치환해 낼 수 있는 가능태可能態로서 하나님 나라를 더 크게 인식한 듯하다.
그가 소망했던 하나님 나라는 현실과 내세를 넘나들며 그의 갈증을 삭혀주었다.

한국 교회사는 시대 구분을 크게 이분화할 수 있고, 그 경계가 해방을 전후로 갈라진다고 본다면 해방 전 교회사가 선교사들의 내한 활동과 일제강점기에 모아지고, 해방 후 교회사는 이양된 리더십과 한국교회의 성장으로 묶을 수 있을 것이다.

백낙규가 복음을 받고 활동하던 해방 전 지역 교회사는 위에서 말한 바 민중운동이 민족운동으로 전이가 되던 역사적 시점으로 이 전환의 과정에는 일제강점이라는 뼈 아픈 사건이 크게 자리하고 있다.
이 시기의 조선 사회는 열강의 각축으로 패러다임의 엄청난 변화가 곳곳에서 물결치고 있었다. 이 땅의 조선인이라면 누구도 예외일 수 없는 격한 영향을 받고 있었기 때문에 위에서 이야기 한 다양한 영성들은 전환기의 역사를 마주하는 데서 기초한다.

이 지역 초기교회의 지도자들 가운데는 민족 구원을 최우선시하며 독립운동에 뛰어든 지도자들도 있었고, 온전한 믿음 안에서 위로를 주고 소망 가운데 평강을 구하는 것이 신앙의 본질이라 여기던 지도자들도 있었을 뿐만 아니라, 가난한 민중을 계몽하고 복음 안에서 저들의 삶을 개선하는 것이 우선이라고 여기는 지도자들도 있었다.

앞에서 다루었듯이 지역 교회사를 이끌어온 지도자들을 간략하나마 되짚어보았던 것은 그들을 이끌었던 활동이 정확히 규정되지 않으면 후에 기술해야 하는 교회사의 방향이 전혀 다른 방향으로 흘러갈 수 있다고 생각되었기 때문이다.

초기선교가 진행되던 시절 교회를 이끌었던 지도자들이 가졌던 개별적 영성을 소홀히 다루어서는 안 되는 이유가 여기에 있다고 생각한다.

백낙규의 경우 동학농민항쟁이라는 역사의 급류 속에서도 변화에 대한 분명한 의지를 가지고 시대를 바라보았고, 비록 좌절 속에 만난 복음에서 출발한 신앙이었지만 그는 이때도 변화에 대한 의지를 말씀 안에서 찾으려 했다.

인간의 회개와 그리스도를 만나는 중생重生을 포함해서 그것이 삶으로 이어지는 전인격적 변화를 하나님 나라에서 이룰 보편적 가치로 이해했다. 그리고 그 안에서 자신이 해야 할 사명을 발견하고 실천적 신앙으로 일관했다.

휘돌아 치던 역사의 소용돌이를 숨 가쁘게 헤치고 나오면서 역사의 주체가 되어 살고자 했던 자신만의 독특한 영성이 하나님 나라 안에서 결실로 드러났다.

믿음으로 누리는 약속의 주체를 자신으로 이해했으며, 함께 사는 이웃을 복음 앞에 불러내야 할 형제로 파악하고 하나님의 나라를 실현을 공동체 안에서 실천하고자 했다.

개혁에 대한 의지는 교회의 자립으로 드러냈고 분립을 통한 전도로 현실화하였으며 독립을 위한 계몽 교육에 관심을 갖도록 했다.

비록 바벨론 포로에서 돌아왔으나 여전히 이방의 압박 속에 신음했던 이스라엘 백성의 신앙적 나태를 질책하고 이스라엘의 회복과 열방의 심판을 선포하며 성전 재건을 독려했던 스가랴와 역사적 상황이 닮아있고, 메시아의 도래를 노래하며 백성을 위로하는 데 와서는 하나님 나라 안에서 소망을 찾고 이웃과 나누려 했던 스가랴가 오히려 백낙규와 흡사하다.

신앙과 삶은 표리 관계일 뿐 다른 아무것도 아니다. '삶이 자기 자신을 외부로 드러낸 메시지'라는 말이 있듯 신앙은 삶으로 증명되어야 한다. 이런 의미에서 그리스도인의 삶은 특별한 의미가 있다.
왜냐하면, 그가 지켜온 삶의 자리에서 자신의 삶을 통해 하나님을 드러내야 하기 때문이다.

백낙규는 그의 삶을 모질게 흔들었던 격동의 시기를 지나면서 쌓아왔던 모든 것을 송두리째 잃었지만, 그는 생전에 자신을 그 자리에 두신 이유를 끝까지 궁구窮究해 보고자 했다.
백낙규는 그렇게 암묵의 세월을 지나면서도 하나님의 부르심을 받는 마지막 그 순간까지 자신에게 주어진 자리를 지탱하며 삶을 태워 주변을 밝혔다.

'나의 달려갈 길을 다 달리고 믿음을 지켰으니 이제 의의 면류관이 내게 예비되었다'는 바울의 고백처럼 백낙규 역시 죽음을 앞에 두고도 중생重生의 존엄을 조금도 잃지 않고 영생을 바라보았다.
그는 변함없이 하나님 나라를 소망하며 어떤 고난도 초극超克하려 했던 토박이 예수꾼으로 남아서 아직도 우리 곁에 머물고 있다.